AF276995

¿Qué es la filosofía?

helicon.es   Pentalfa Ediciones
fgbueno.es   Fundación Gustavo Bueno
filosofia.org   Proyecto Filosofía en español

© 2025 Fundación Gustavo Bueno
© 2025 Pentalfa Ediciones (Grupo Helicón S.A.)
        Apartado 360 / 33080 Oviedo (España)
        Tel [34] 985 985 386
        https://helicon.es

Imprime: Artes Gráficas Eujoa
Cubierta: Andrea Morán Gajate

ISBN: 978-84-7848-655-7 digital
ISBN: 978-84-7848-656-4 vegetal
Depósito Legal: AS-00409-2025

Gustavo Bueno

¿QUÉ ES LA FILOSOFÍA?

Pentalfa Ediciones
Oviedo 2025

Nota introductoria para la 2ª edición

La primera edición de este opúsculo se ha agotado a las pocas semanas de su publicación. Al preparar la obligada segunda edición se ha pensado en la conveniencia de introducir algunos aumentos {que van entre llaves} por el siguiente motivo: la primera edición ofrecía el texto íntegro de la ponencia presentada al Congreso de Granada, un texto redactado, como es habitual, con anterioridad a la celebración de dicha asamblea. De hecho, ejemplares de la primera edición de este opúsculo fueron comprados por más de trescientos congresistas con anterioridad a la exposición misma de la ponencia. Ahora bien, al autor, que asistió al Congreso en sus diversas ponencias, comunicaciones y mesas redondas, e intervino regularmente en los coloquios, le correspondió pronunciar el Discurso de Clausura a consecuencia de la desgraciada circunstancia del fallecimiento de Fernando Montero Moliner. La situación no aconsejaba, para esta última sesión, una intervención en forma de lectura de la ponencia, sino una intervención oral, sobre el texto de la ponencia presentada, sin duda, pero teniendo en cuenta que sobre ella estaba actuando todo cuanto se había dicho a lo largo del propio Congreso. En resumen, mi intervención real en el Congreso no fue exactamente lo que figura en el texto del opúsculo. Si bien las ideas expuestas son, en sustancia, las mismas, había una diferencia práctica muy importante entre el texto escrito y el discurso improvisado; diferencia que formulé *in situ* mediante una comparación. El texto publicado podría desempeñar el papel de una partitura abstracta, puesto que en ella se habían suprimido claves y compases, mientras que en el discurso hablado se trataba de introducir estas claves y compases (de otro modo: los parámetros de la función) a fin de engranar con muchas de las voces que «de puertas adentro del Congreso», es decir, *esotéricamente*, habían sido expresadas.

Se trata, en resolución, de introducir, en esta segunda edición, algunas de las «claves y compases» concretados de puertas adentro, aunque, por el hecho de ser publicadas, la necesidad de distinguir entre el lenguaje esotérico (si se quiere, gremial) y el *exotérico* vuelve a reproducirse (lo que explica que tampoco en la versión actual del opúsculo tenga sentido recuperar todas las claves y compases ofrecidos).

Por lo demás, conviene señalar que esta distinción entre un estilo esotérico y un estilo exotérico no alude tanto a la distinción entre un lenguaje técnico, académico, y un lenguaje popular, mundano, sino a algo más preciso, si cabe. Pues no se trata (cuando utilizamos un lenguaje *apelativo*, en el sentido de Bühler) de decir lo mismo con lenguajes distintos, sino acaso de decir cosas distintas con el mismo lenguaje. No es lo mismo hablar desde un gremio al público en general, que hablar a un gremio desde el gremio (en nuestro caso: el gremio de los profesores de filosofía de enseñanza secundaria, que son los que verdaderamente importan desde el planteamiento de la ponencia, puesto que la filosofía en la enseñanza media se dirige a un público que sólo en una mínima parte va a dedicarse a la profesión filosófica).

Por ejemplo: ¿no padecen un «eclipse de sindéresis» los profesores de filosofía que apoyan la reivindicación de la filosofía en el bachillerato con el argumento de que «sin la enseñanza de la filosofía los españoles no podrán pensar»? Pues este argumento, aunque pueda manejarse «de puertas adentro», o incluso en el supuesto de que él se tomase como verdadero, no podría ser expuesto exotéricamente, puesto que tal argumento indignaría a sus destinatarios (los parlamentarios, los periodistas y los científicos, principalmente), es decir, resultaría contraproducente. Pues estos destinatarios podrían responder con razón al argumento: ¿acaso nosotros, que no hemos estudiado filosofía, salvo convencionalmente, en un lejano bachillerato, o no la hemos estudiado en absoluto, no pensamos? ¿y quiénes sois vosotros, insignificantes profesores, pedantes e inexpertos en las materias de la vida, e ignorantes de nuestras propias disciplinas, para enseñarnos a pensar?

Otro ejemplo: ¿cómo proclamar en público la miseria de la filosofía, reconocida acaso de hecho por el gremio de profesores de filosofía, sin perjuicio de su buena voluntad y de sus duras jornadas de trabajo? Los juicios autocríticos no pueden formularse del mismo modo de puertas adentro que de puertas afuera, si se pretende que, al menos como mal menor, el gremio subsista, y se calcula (acaso erróneamente) que una autocrítica pública radical equivaldría a la liquidación definitiva de la filosofía en la enseñanza media. Sabemos que una vez que se ha abandonado un lugar institucional conquistado al cabo de los siglos, éste no quedará vacío sino que será ocupado inmediatamente por otros sucedáneos (sociología, psicología, ética, religión) y no será fácilmente recuperable.

Creo poder afirmar que el propio Congreso ofreció, como en un fractal, la estructura efectiva de la filosofía gremial en España, en tanto que ella aparece separada en dos grandes estratos: el constituido por el gremio de los profesores de filosofía de enseñanza secundaria y el constituido por el gremio de los profesores de filosofía de enseñanza universitaria. Los problemas de ambos estratos son totalmente distintos y, paradójicamente, la importancia filosófica de estos problemas afecta sobre todo al gremio de los profesores de filosofía de enseñanza secundaria más que a los universitarios. En efecto, en la Universidad, de hecho, se cultivan géneros de investigación filosófico-doxográfica desconectados, salvo escasísimas excepciones, de los auténticos problemas de la filosofía del presente; orientación que viene favorecida por la circunstancia de que los profesores universitarios se dirigen a otros profesores de filosofía o a futuros profesores, mientras que en la enseñanza secundaria el profesor de filosofía se dirige a un público más general, teóricamente a toda la nación, y en un contexto en el que figuran profesores de otras muchas disciplinas que obligan a contrastar diariamente cuestiones tratadas en las clases.

Por último, en el transcurso de las sesiones del Congreso se pudo observar, como tendencia dominante en los ponentes universitarios, una preferencia por la concepción histórico-doxográfica del saber filosófico. Esta preferencia era previsible, pero no por ello dejaba de producir menos asombro, sobre todo cuando tenemos en cuenta la tónica general de esa concepción histórico-sapiencial en lo que a los contenidos se refiere. No tengo nada que decir acerca de las constantes referencias a los clásicos griegos (sobre todo Platón y Aristóteles), salvo congratularme por ello y por lo que esa actitud tiene de útil en orden a despejar los problemas suscitados por los proyectos de inclusión en los planes de estudios de las «filosofías étnicas». Pero sí quiero recoger aquí las palabras críticas que expuse sobre las referencias continuas a la «filosofía alemana», y no sólo a Kant o a Hegel, y aun a Heidegger –prácticamente nada a Husserl–, sino también a Habermas, a Appel o a von Kutschera. En cambio, el sonido de la «filosofía analítica anglosajona» parece que ya se escucha de un modo mucho más débil. Silencio casi sepulcral ante la filosofía española. ¿No tiene mucho que ver todo esto con la situación de crisis de la enseñanza de la filosofía en España? ¿Puede un cuerpo de profesores de filosofía justificar, ante el resto de la sociedad española, las funciones de su responsabilidad asumiendo de hecho la misión de traducir al español (o al catalán, o al euskera) especulaciones tan vagas, utópicas o vulgares como las que ofrecen los amigos de Habermas, de Appel o de Kutschera. El motivo de dudar es la evidencia de que la filosofía no es una forma de pensar que pueda proceder (como las Matemáticas o la Química) por vías diferentes del lenguaje nacional en el que se expresa. Lo que quiere decir, por tanto, que debe proceder de planteamientos, referencias, &c. características del mundo en el que «este lenguaje» funciona (no el llamado «lenguaje en general», que de hecho es el alemán o el inglés). Esto significa que si el cuerpo de profesores españoles de filosofía se consagra de hecho a explicar traducciones del alemán, o adaptaciones de traducciones, es porque se encuentra realmente vacío. En la Universidad es norma no citar (en tesinas, tesis doctorales, conferencias públicas, o en las clases) a autores españoles: es más probable que esta costumbre esté movida por el autodesprecio de muchos profesores universitarios más que por la envidia a quienes de hecho escriben en español y no se limitan a traducir o a comentar. Acaso la «instalación» de la conciencia filosófica en la historia de la filosofía facilita la tendencia a taparse los oídos ante todo cuanto pueda ofrecerse desde dentro del español, y a sobreestimar a todo cuando pueda oírse en otras lenguas. Una especie de «síndrome de Estocolmo» se advierte en los profesores españoles ante los alemanes, en particular, enemigos naturales, desde muchos puntos de vista, de todo cuanto tenga que ver con la cultura mediterránea. Pero, ¿hasta qué punto podemos seguir organizando la historia de la filosofía, al modo hegeliano, como un curso lineal de evolución interna que comienza con Tales y Parménides y termina con Habermas? ¿no será conveniente regresar a las raíces de toda esta vegetación, a los griegos, y considerar a los «franceses», a los «ingleses» y a los «alemanes» como vástagos vigorosos, sin duda, en sus tiempos respectivos, de aquellas raíces, vigor determinado por circunstancias históricas precisas, pero que hoy son ya precisamente, en su mayor parte, ruinas? Y por lo que se refiere a Alemania, permítaseme traer aquí unas palabras de Thomas Mann, tomadas de su *Doctor Faustus*, fechadas en un 25 de abril de 1945: «¿Es construcción enfermiza preguntarse cómo en lo porvenir Alemania, de cualquier forma que sea, osará abrir la boca cuando se trate de problemas que conciernen a la humanidad?»

¿Qué es la filosofía? Muchos se dan por satisfechos con la respuesta etimológico-psicológica: *es el amor al saber*. Como si el amor o el deseo de saber tuviera que ser, por sí mismo, filosófico, siendo así que casi siempre el deseo de saber es de índole práctica, tecnológica o científica, y muchas veces frívola curiosidad o curiosidad infantil; y como si la filosofía no fuese también algo más que un mero amor al saber, es decir, como si la filosofía no comportase por sí misma un saber, por modesto que sea.

En cualquier caso, el saber filosófico no es un saber doxográfico, un saber del pretérito, un saber acerca de las obras de Platón, de Aristóteles, de Hegel o de Husserl. El saber filosófico es un saber acerca del presente y desde el presente. La filosofía es un saber de segundo grado, que presupone por tanto otros saberes previos, «de primer grado» (saberes técnicos, políticos, matemáticos, biológicos...). La filosofía, en su sentido estricto, no es «la madre de las ciencias», una madre que, una vez crecidas sus hijas, puede considerarse jubilada tras agradecerle los servicios prestados. Por el contrario, la filosofía presupone un estado de las ciencias y de las técnicas suficientemente maduro para que pueda comenzar a constituirse como una disciplina definida. Por ello también las Ideas de las que se ocupa la filosofía, ideas que brotan precisamente de la confrontación de los más diversos conceptos técnicos, políticos o científicos, a partir de un cierto nivel de desarrollo, son más abundantes a medida que se produce ese desarrollo.

En la medida en que la filosofía no es un mero amor al saber, sino un cierto saber, el filósofo ha de ser, de algún modo, un *sabio*, dotado de una sabiduría *sui generis* (aun cuando su contenido no sea, según algunos, muy distinto del de una docta ignorancia). Desde este punto de vista podría confundirse con un majadero todo aquel que se llame a sí mismo filósofo, aunque pretenda justificar su majadería apelando a la respuesta etimológica. Porque *filósofo*, como *sabio* –es decir, no sólo profesor de filosofía–, es una denominación que sólo puede recibirse como aplicada por los demás.

La respuesta a la pregunta *¿qué es la filosofía?* sólo puede llevarse a efecto impugnando otras respuestas que, junto con la propuesta, constituya un *sistema* de respuestas posibles; porque el saber filosófico es siempre (y en esto se parece al saber político) un *saber contra alguien*, un saber dibujado frente a otros pretendidos saberes.

Lo que quiere decir que prácticamente es imposible responder a la pregunta *¿qué es la filosofía?* si no es en función de otros saberes que constituyen las coordenadas de una educación del hombre y del ciudadano.

El presente opúsculo intenta responder a la pregunta *¿qué es la filosofía?* tal como esta pregunta está siendo planteada, prácticamente, en los debates políticos y administrativos en la España del presente, especialmente los problemas suscitados por los diversos proyectos de reforma de los planes de estudio de la enseñanza secundaria y universitaria. De hecho, el cuerpo principal del opúsculo ha sido redactado como contribución al congreso de profesores de filosofía convocado en Granada en septiembre de 1995. En el apéndice se ofrece al lector una especie de «ajuste de cuentas» con el libro que el autor publicó, hace ya más de veinticinco años, sobre el papel que a la filosofía pudiera corresponder en el conjunto del saber.

El lugar de la filosofía en la educación

Planteamiento de la cuestión

El tema que me ha sido encomendado por los organizadores de este Congreso[1] es el de *El lugar de la filosofía en la educación*.

Es innegable que todo aquel que entienda el español comprenderá de inmediato el enunciado de este tema; lo que ya no es tan seguro es que todos los que entienden el español, interpreten el enunciado del mismo modo y con las mismas referencias. La razón «gramatical» –para acogernos al género de explicación más neutra posible– es seguramente la siguiente: ninguno de los tres términos sustantivos sobre los cuales está construido el enunciado –lugar, filosofía, educación– es término unívoco; cada uno significa cosas distintas, pero no siempre disociables. Si lo fueran, las dificultades se reducirían notablemente: sería suficiente escoger en el diccionario, en virtud del derecho democrático que nos asiste, las acepciones que estimásemos oportunas, olvidándonos de las otras. Pero en la medida en que cada una de ellas está entretejida con las demás, la elección de una acepción no nos «libera» de las otras, sino que, por el contrario, nos pone mediata o inmediatamente en su presencia.

Sin embargo, el enunciado titular de esta ponencia, cualquiera que sea la interpretación que demos a sus términos, encierra un sentido global que está determinado por su misma estructura sintáctica; un sentido que, además, podría considerarse como aquel que está actuando en los organizadores del Congreso que procedieron a formular el tema. Sentido que acaso pudiera expresarse de este modo: «la educación es un proceso complejo (no simple) que comprende múltiples componentes, implica muchos pasos, tanto por parte de quienes educan como por parte de los que están siendo educados; se supone que a la filosofía le corresponde algún *lugar* en este proceso».

---

[1] Texto de la Ponencia preparada por invitación de la Comisión gestora del Congreso *¿Para qué Filosofía?* (Granada, 11-15 septiembre 1995).

Por extraordinaria que sea la disciplina y la cortesía del ponente para con los organizadores del Congreso, ¿no se verá desbordada por el exceso de los supuestos que están implícitos en el enunciado titular, tal como lo entendemos? En modo alguno: el comenzar situándonos en el punto de vista de los supuestos implicados en el enunciado titular no nos ata las manos en absoluto, pues siempre será posible, aun partiendo de los supuestos iniciales, seguir conexiones cuyos cursos puedan sacarnos fuera de los supuestos de partida (por ejemplo, una de las «soluciones» a la pregunta por el «lugar» o, como diremos, mediante un artificio, uno de los *valores* que puede tomar «lugar», considerado como variable, es el valor cero; o dicho con menos rodeos: partiendo de la pregunta por el lugar, podemos también llegar a la respuesta que diga que no hay lugar alguno para la filosofía en la educación).

No representa en resumen, en este caso, ningún esfuerzo, el ajustarnos, con la más estricta disciplina, a los planteamientos del Congreso.

Los sentidos que puede tomar el enunciado titular han de determinarse en función de las diversas acepciones de los términos sustantivos. Podríamos ensayar el artificio, al que nos acabamos de referir, de considerar a estos sentidos como valores de una función, cuyas variables independientes fueran las acepciones de dos de los términos que figuran como regidos (gramaticalmente) en el enunciado titular, a saber, los términos «filosofía» y «educación» (puesto que el término «lugar» figura como término de rección). Según esto, consideraremos al enunciado titular como la expresión de la característica de una función de dos variables independientes («educación», «filosofía») cuyos valores combinados determinarán a la variable dependiente, a saber, la que está representada por el propio término «lugar».

Pero las acepciones de nuestros términos tomados como variables son muy numerosas y, por decirlo así, empíricas. Por ello tendremos que comenzar a clasificarlas según los criterios que juzguemos más pertinentes. Este será el cometido de la primera parte de nuestra ponencia.

Una vez establecidos los tipos de acepciones alternativas que hayamos asignado a cada término constitutivo del enunciado, podremos dedicar la segunda parte de la ponencia a examinar uno por uno los diversos valores que toma la función, a partir de los valores dados a las «variables». Si, por ejemplo, atribuyésemos distintos valores a «lugar», ocho a «filosofía» y ocho a «educación», tendríamos que proceder a analizar las 64 combinaciones alternativas computadas en el terreno puramente sintáctico o formal (no es inconveniente, para poder mantener el esquema funcional como esquema directivo de nuestro análisis, el supuesto de menos de 64 valores para «lugar», puesto que la aplicación de las combinaciones de los valores «filosofía» y «educación» a los valores de «lugar» no tiene por qué ser inyectiva). En esta ocasión nos limitaremos a explorar los sentidos globales que toma el enunciado titular en cuanto se comporta como una función de las dos variables combinadas, «educación» y «filosofía», y no de cualquier modo, sino situándonos en la perspectiva de los valores «filosofía» como si fueran los valores «directores» –clasificados además según criterios muy genéricos– a fin de conferirles la posición dominante en la clasificación. De este modo los valores del término *educación* se nos presentarán como «cruzándose» con los valores que previamente haya tomado el término *filosofía*.

Primera parte
Análisis del enunciado titular en términos de función

I. *Determinación de las «variables»*

Decididos a utilizar el artificio consistente en tratar a nuestro enunciado titular como si fuese la característica de una función de dos variables (*filosofía, educación*), cuyos valores combinados nos llevasen a valores delimitables de la variable *lugar de*, tenemos, como hemos dicho, que comenzar definiendo los «campos de variabilidad» de las variables, es decir, determinar los valores, o, cuando menos, las clases de valores que habrán de ser considerados teniendo siempre en cuenta que estos «valores» consisten, en todo caso, en «concepciones», «teorías», «acepciones», &c. de *filosofía*, o de *educación*, y también, por supuesto, de *lugar*, en tanto se toma como variable dependiente.

Pero nuestro artificio, ¿puede llegar hasta el punto de tratar a los términos *filosofía* y *educación* como si fueran variables mutuamente independientes?

Puesto que no podríamos menos de «dar beligerancia» a las concepciones que defienden la dependencia intrínseca de la filosofía respecto de la educación y recíprocamente (de la educación, respecto de la filosofía), para que estas concepciones (incompatibles en el fondo con la hipótesis de la independencia de las variables de la función considerada) pudieran ser tratadas como variables, y no como «parámetros», por ejemplo, sería preciso considerarlas como alternativas dotadas del mismo «peso combinatorio» que las que defiendan la independencia de la filosofía respecto de la educación, o la independencia de la educación respecto de la filosofía. Ahora bien, esta equiparación, cuanto al «peso combinatorio» de semejantes concepciones de la filosofía (respecto de la educación) o de la educación (respecto de la filosofía) sólo puede mantenerse en un terreno sintáctico, el terreno meramente genérico –oblicuo– de los términos tomados como significantes de «clases de concepciones», cualesquiera que ellas fueran; pero la generalidad que alcanzaríamos de este modo sería de índole verbal, oblicua, escolar, cuasivacía, cuando tomamos en consideración la materia a la que es preciso referir las variables en el presente social, tecnológico, científico, cultural, político, &c., si es que el «presente» ha de ser tomado también como campo de variabilidad de todas nuestras variables. En efecto:

(1) ¿Cómo podríamos situarnos seriamente (acogiéndonos a una supuesta neutralidad combinatoria, obligada por la dialéctica de una discusión democrática) en la hipótesis de una filosofía independiente de la educación en general? ¿Cómo podemos conceder beligerancia, por motivos de la combinatoria de una teoría de teorías, a las fantasías que toman en serio la hipótesis del filósofo autodidacta de Abentofail, o incluso a la hipótesis cartesiana (traducida a nuestras coordenadas) sobre la necesidad metódica de fingir que puede y debe ser borrado todo resto de educación (es decir, de conocimiento adquirido) a fin de alcanzar en un *ego cogito* puro el principio de la filosofía? A muy pocos escandalizará hoy el que consideremos como «cantidad despreciable», fuera del terreno arqueológico, a la hipótesis de Abentofail; a muchos profesores de filosofía les molestará, en cambio, que no demos beligerancia (en una filosofía crítica del presente) al *ego cogito* cartesiano, fuera de su interés arqueológico y de su condición de gran recurso «pedagógico». Sin embargo, lo que quiero decir, en el contexto de la discusión del momento, no es que carezcan de interés histórico dialéctico las posiciones de Abentofail o de Descartes (¿quién podría subestimar el alcance del *cogito* cartesiano en el proceso dialéctico de la «inversión teológica» característica de la Época moderna?), sino que estas posiciones no pueden tomarse hoy (en nuestro presente, en el que figuran las ciencias del cerebro y de

la conducta), salvo verbalmente, como «valores» equiparables, en una discusión filosófica, a los que corresponden a las posiciones contrarias. Pues en el presente podemos dar por descontado que es imposible concebir a un individuo que sea capaz de suscitar las cuestiones que se planteaba Hayy si no ha sido previamente «educado» en una sociedad determinada (islámica, cristiana,...), en cuyo ámbito cultural habrá *aprendido*, por educación difusa o reglada, entre otras cosas, a hablar. Y en el presente podemos dar también por descontado que un individuo al cual fuésemos sucesivamente privando de toda percepción exterior o cenestésica (como pedía Descartes a través de su duda metódica), lejos de alcanzar la condición ideal para una «autorreflexión absoluta», caería en un sueño profundo o en un delirio irreversible (si la reflexión-deprivación se prolongara más allá de los márgenes de tolerancia).

Concluiremos, según esto, que nos será preciso partir del supuesto de la «dependencia» de la *filosofía* (cualquiera que sea el modo como se la conciba) respecto de la *educación*, tomada en su sentido más general de «inserción de los individuos en su medio social y cultural mediante el aprendizaje difuso o reglado». Y ello nos obliga, ya desde el principio, a considerar la filosofía desde una perspectiva antropológico-etológica, o bien histórica, es decir, a prescindir de hipótesis que tengan que ver con «mentes ávidas de saber», o con una «conciencia pura» capaz de plantearse los «eternos interrogantes de la existencia», y de asombrarse, por el hecho mismo de existir, «ante el Ser»; lo que significa que la independencia de nuestras variables independientes no sólo no implica una independencia recíproca en general (porque esta independencia va referida a la variable dependiente o función), sino que puede presuponer una dependencia mutua respecto de terceros términos, en nuestro caso, las sociedades, las culturas, o las épocas históricas en las cuales suponemos que ha de desarrollarse una educación o una filosofía; por tanto, que la independencia requerida, medida sobre un fondo común en el que ambas variables sean indisociables, habrá de entenderse como una independencia combinatoria de valores dados dentro de esa dependencia general. Dentro de ella será suficiente que los valores de *filosofía* resulten ser combinables con distintos valores de *educación*.

(2) ¿Y cómo podremos situarnos seriamente en la hipótesis de la dependencia incondicionada de la educación respecto de la filosofía? Tan sólo tomando una acepción (o valor) tal de la filosofía que esta pueda superponerse a cualquier tipo de sociedad, cultura o época, es

decir, una acepción según la cual haya de tomarse como filosofía, en sentido amplísimo, tanto el modo de ejercitar una tribu una forma (frente a otras) del matrimonio preferencial («la filosofía del matrimonio preferencial») como un modo de disponer sus tiempos verbales, frente a otros (la «filosofía del tiempo» de los lenguajes bantúes frente a la «filosofía del tiempo» de la lengua francesa). Desde este punto de vista cabría dar algún sentido a expresiones como la siguiente: «la educación de los miembros de una tribu en las reglas del matrimonio preferencial o en las reglas del uso de los tiempos verbales» depende de la filosofía (como *Weltanschauung*) de esa tribu; la educación de los miembros de una sociedad en las reglas de su lenguaje nacional (el griego, el latín, el chino, el español, el alemán...) depende de la filosofía de ese lenguaje, de su *Innersprachform*.

Ahora bien, como esta dependencia, así entendida, no puede tampoco ser negada hoy, resultará también que la hipótesis de la independencia (de la educación, respecto de la filosofía) no cabrá defenderla en ese terreno. Cuando hablamos de «independencia de valores de la educación respecto de la filosofía» no nos referiremos aquí a cualquier tipo de filosofía (o de educación) sino, por de pronto, a la filosofía en sentido estricto, como la llamaremos, a la filosofía de tradición griega, o, de otro modo, a la filosofía en tanto que puede considerarse referida a «nuestro presente social y cultural», en tanto pertenece al «área de difusión helénica». Y a quien impute a nuestro planteamiento «grosero etnocentrismo» (por ejemplo, «eurocentrismo»), por cuanto se circunscribe a ese postulado, le replicaremos que un tal postulado de circunscripción (de la filosofía en su acepción estricta, el de la filosofía de origen helénico, y más precisamente platónico, académico) pretende justamente desligarse de todo etnocentrismo, refiriéndose a los contenidos que, aunque históricamente se hayan configurado en esa cultura, pueden ser considerados hoy como contenidos universales, o incluso praeterculturales (las ciencias positivas serían los más firmes ejemplos, en nuestro presente, aunque no los únicos, de un tal estrato praetercultural).

Según esto, la independencia de la educación (de los valores que esta idea pueda tomar) respecto de la filosofía habrá que referirla a la filosofía «en su sentido estricto», sentido en el cual, sin embargo, las concepciones o valores de la filosofía siguen teniendo un espectro muy amplio. Podremos discutir posiciones «solventes» (es decir, no utópicas) de quienes mantengan la independencia (o la conveniencia de esa independencia) de la educación (de los procesos de educación) respecto de la filosofía en sentido estricto (por ejemplo, en el sentido del cristianismo paulino: «¡libráos de las necias filosofías!»); o bien las posiciones (formalmente tautológicas) de quienes mantienen la necesidad de incluir la filosofía en el proceso de educación en el ámbito de las «culturas de difusión helénica» que quieran «conservar su identidad»; y ello sin necesidad de comprometernos con las posiciones radicales e idealistas propias del «filosofismo», según las cuales la educación del hombre y de la sociedad en general jamás alcanzaría sus fines propios (la constitución de una «república de los filósofos») si no contuviese la filosofía como parte determinante. En realidad, esta aparente tautología (la de exigir la educación en filosofía estricta en el seno de la cultura que la hace posible) encubre cuestiones muy comprometidas que reducimos a las dos siguientes: si la educación, cuando nos referimos a ella como independiente de la filosofía, es la llamada educación del *hombre*, en general (el *hombre* de la Declaración de Derechos Humanos, sin determinación de lengua, religión, sexo, &c.), o bien si se trata de la educación del *ciudadano* (vinculada a una ciudad, es decir, a un Estado, a una cultura, a una lengua, &c.); y, dentro de esta segunda alternativa, si la independencia de la educación respecto de la filosofía se refiere a la filosofía en el sentido institucional (a la «filosofía de profesores»), o bien a la filosofía en el sentido mundano.

Concluimos: la independencia mutua que las «variables» *filosofía* y *educación* requieren no excluye su dependencia respecto de terceros términos que pudieran tomarse como «parámetros» de la función (tales como «la sociedad» o «la cultura», en el sentido antropológico e histórico). Por las razones que ya hemos apuntado, tomaremos como «parámetros de la función» la sociedad (universal) y los contenidos culturales o praeterculturales, en lo que tengan de universales, del presente (de nuestro presente). Y, eso sí, dentro de estos parámetros nos acogeremos a criterios que permitan, si no una enumeración exhaustiva o completa de todas las variables posibles (lo que sería empresa absurda) sí a una clasificación capaz de cubrir la totalidad de los campos correspondientes (lo que no significa que estos campos queden «agotados» desde tales clasificaciones).

II. *«Lugar de»*

«Lugar» significa muchas cosas, no siempre compatibles entre sí. ¿De qué lugar hablamos en este momento? Nos atendremos obviamente a una selección de acepciones pertinentes.

El concepto de «lugar», en la tradición filosófica aristotélica, es un concepto categorial que forma parte del campo de la «filosofía natural». Sin embargo el concepto se extendió inmediatamente a otros campos (religiosos, sociales, políticos), hasta el punto de que cabría hablar de una transformación efectiva del concepto categorial originario de lugar en una idea transcendental (en el sentido positivo que damos a esta expresión, de acuerdo con su sentido castellano, en frases como, por ejemplo, las siguientes: «pena de infamia transcendental a los herederos»). Una idea que se configura, supondremos, en el campo de la doctrina holótica[2], que consideramos incluida en la lógica material. Desde la perspectiva de esta idea, el concepto aristotélico de «lugar» podría quedar reducido a la condición de un caso particular de la idea lógica (holótica) de «lugar».

En efecto: «lugar» viene a desempeñar hoy el papel de una suerte de funtor de inserción *sui generis* (un funtor lógico material, un funtor holótico de una cierta relación de partes en el todo atributivo) de algún término (originariamente un cuerpo, también una institución) o una clase de términos en un contexto holótico determinado. Esto valdría incluso en la perspectiva de aquellas concepciones que, como la aristotélica, parecen tender a absolutizar, como una categoría distinta de la categoría de relación, el lugar. Puesto que cuando Aristóteles define el lugar (*ó tópos*) como la «primera superficie inmóvil que envuelve al cuerpo» (*Física*, IV, 209b), aunque el lugar se nos presenta como un receptáculo fijo y determinado en el conjunto del mundo (los «lugares naturales»), sin embargo, su función viene definida respecto del cuerpo que lo ocupa (aunque Aristóteles tiene buen cuidado de advertir que el lugar no es cuerpo, si no se quiere que dos cuerpos existan en uno solo).

---

2 Holótico: adjetivo que corresponde a lo que se relaciona con los todos y las partes. Totalidades atributivas son aquellas cuyas partes están referidas las unas a las otras, ya sea simultáneamente, ya sea sucesivamente; totalidades distributivas son aquellas cuyas partes se muestran independientes las unas de las otras en el momento de su participación en el todo (ver *Teoría del cierre categorial*, págs. 884-889).

El cuerpo localizado, que ya es móvil, susceptible de ocupar diferentes lugares, aunque ello nada afecte a su sustancia, como les ocurre a los astros. Y así como un cuerpo puede, en general, ocupar sucesivamente varios lugares, así un lugar puede ser ocupado por diferentes cuerpos. Circunstancia que tiene especial significado para nuestro asunto pues, según ella, «ocupar algo un lugar» equivaldrá a la posibilidad de que ese «algo» pueda ser sustituido por otro precisamente en su ocupación del lugar determinado.

Lugar, según esto, hace referencia al puesto o «posición» (en el sentido ordinario de la palabra en contextos tales como «posición social») de un cuerpo físico, persona, institución o clase de cuerpos en un contexto, eje o sistema coordenado de ejes casi siempre jerarquizado (en la concepción aristotélica de los lugares naturales, el lugar tenía que ver con la superior jerarquía de la periferia del mundo –lugar del primer cielo– respecto del centro del mundo como lugar natural de la tierra). Un lugar puede estar envuelto por otros lugares, y Aristóteles procede como si el lugar envolvente de todos los demás, el lugar del Primer móvil, sobre el cual actuaba directamente el Primer motor, fuese también el lugar más noble. Se comprende por ello que «lugar de», si bien muchas veces puede entenderse en un sentido neutro, «cardinal», cuando se da en un contexto llano –un sentido traducible por las coordernadas de un punto en un sistema de ejes dado– otras veces puede entenderse (sobre todo si se le asocia a alguna función o misión o cometido) en un sentido normativo, o axiológico, «ordinal». En este caso el lugar que corresponde a un término dado aparece determinado (sea por motivos mecánicos, sea por motivos normativos) por la función, contribución, papel, actividad o misión que el término correspondiente desempeñe en el conjunto. «Lugar» será ahora, en realidad, no tanto recinto pasivo, sino también «punto de aplicación» de la fuerza del contenido, «lugar estratégico», &c. Y entonces la característica que hemos señalado como característica propia del lugar ocupado, la sustituibilidad del ocupante por otro, nos conduce a los conceptos de *suplencia* y de *sucedáneo*: la contribución de una parte, actuando en un lugar dado del «sistema» (del todo) puede de algún modo ser *suplida* por otra parte que comenzará a ser un *sucedáneo* cuando, diferenciándose del término propio por cualidades significativas, suple algunas de sus funciones, sin embargo, en su mismo lugar.

Lugar significa también, desde luego, por metonimia, papel, cometido, dignidad, &c. Por lo demás, el sentido normativo de lugar, atribuido a un término dado, y el sentido neutro, no siempre son compatibles, pues el término a quien normativamente corresponde un lugar en el conjunto puede estar «descolocado» o «fuera del lugar». Es cierto que esta posibilidad afecta sobre todo a los organismos vivientes y, en particular, a las personas o instituciones humanas respecto de su contribución al conjunto de la sociedad; y parecería que tuviera que ser así, puesto que jamás podría afirmarse, sin antropomorfismo, que un planeta se encuentra «fuera de lugar», o mal colocado. A lo sumo se encontraría fuera del lugar que las predicciones le asignaron (es decir, que serían estas predicciones las que estarían fuera de lugar). Sin embargo, es hoy generalmente admitida entre los físicos del átomo la teoría de los «electrones descolocados» o fuera de lugar, para explicar la estructura metálica; podría verse esta descolocación como relativa al *canon* (no ya a la norma) de los orbitales atómicos considerados por separado.

Ahora bien, situados en esta perspectiva lógico material, el «axioma de impenetrabilidad», o el de la unilocación circunscriptiva, pierden su evidencia. No podremos sostener que un término (incluso un cuerpo) no pueda estar en dos lugares a la vez; este principio tendrá aplicación, a lo sumo, cuando vaya referido a un mismo tipo de contexto o espacio. Además, el lugar, como hemos dicho, no sólo afecta a un cuerpo o a un término sino a una clase de términos o de cuerpos, como cuando se dice que el lugar de los glóbulos rojos en el organismo es el torrente sanguíneo (en general, los *sucedáneos* se refieren antes a clases de términos que a términos concretos). Tendremos en cuenta que un contenido determinado puede figurar como elemento de una clase unitaria o como elemento de una clase no unitaria, y el lugar de ese elemento en el conjunto podría aparecérsenos como un lugar particular, y, en el límite, como una singularidad en el sistema (por ejemplo, el lugar del centro en el conjunto de puntos del círculo), o bien como un lugar múltiple, y, en el límite, universal («ergódico»). El lugar que en el organismo de un vertebrado corresponde a las moléculas de oxígeno o de carbono es un lugar múltiple, prácticamente universal, pero es particular el lugar que corresponde a las moléculas de litio o de cobre.

Por lo demás, es ésta una evidencia común, comenzando por los espacios climacológicos. Un cuerpo o un individuo que ocupa un lugar n en un contexto k puede simultáneamente ocupar un lugar n ± m en un contexto q: un individuo que en el contexto de la profesión a la que pertenece ocupa un lugar de rango muy bajo puede, sin embargo, en un contexto político ocupar el lugar de rango más elevado: diremos que este individuo ocupa simultáneamente dos lugares diferentes aunque de diverso orden. Diversidad de órdenes que puede darse, no ya sólo en general, sino por referencia al mismo contexto, como pueda serlo un ecosistema, un Estado o el sistema de educación. Por de pronto, en estos contextos, que son totalidades atributivas, habrá que distinguir siempre el orden, o los diversos tipos de órdenes de sus partes materiales y el orden de sus partes formales[3]: el lugar de una parte material puede, en principio, ser menos importante que el lugar de una parte formal, en el sentido de que hay más probabilidades de que una parte material ocupe diferentes lugares del contexto, mientras que una parte formal estará más determinada a un lugar dado del contexto (aun cuando esto no sea en sí necesario). Una parte formal de un jarrón dotado de simetría bilateral puede ocupar dos lugares indiscernibles. Por lo demás también los diversos órdenes de lugares del contexto de referencia son susceptibles de constituir a su vez un contexto tal en el que uno de los órdenes pueda constituirse en un lugar respecto de los otros órdenes dados.

Esto nos permite presentar como cuestión principal para nuestro asunto la cuestión de la determinación de los órdenes significativos o pertinentes que habrían de ser tenidos en cuenta en la clasificación de los valores de los lugares de la educación, en tanto se toma como contexto del lugar de la filosofía que analizamos, aun cuando, como hemos dicho, la distinción entre estos órdenes tenga pretensiones distributivas. Nos parece en todo caso incontestable que plantear la cuestión sobre el lugar de la filosofía en la educación, sin tener en cuenta la diversidad de órdenes de lugar que puede atravesar la idea

---

3 Las partes formales (sus correlatos: partes materiales) son aquellas partes de un todo que conservan dependencia de la «figura total», de suerte que el todo (ya sea sustancialmente, ya sea esencialmente) pueda ser reconstruido o al menos codeterminado por esas partes formales. Los fragmentos de un vaso de cuarzo que se ha roto y que conservan la forma del todo (no porque se le asemejen) son partes formales del vaso (que puede ser reconstruido «sustancialmente»). Las células germinales de un organismo, que contienen genes capaces de reproducirlo, son partes formales suyas. Partes materiales en cambio son aquellas que no conservan la forma del todo: las moléculas de SiO_2 (anhídrido silícico) constitutivas del vaso, o las moléculas de carbono o fósforo constitutivas de los genes, son partes materiales de las totalidades respectivas (ver T*eoría del cierre categorial*, págs. 99-110).

misma de educación, carece de sentido; más aún, que tratar de evaluar o de devaluar la importancia del lugar que hay que atribuirle a la filosofía en la educación sin tener en cuenta la posibilidad de esta diversidad de órdenes nos llevaría a planteamientos ciegos o meramente ideológicos (expresivos de la ideología del gremio de profesores de filosofía, principalmente).

La distinción más importante entre los órdenes de lugares que, en general, puedan reconocerse en un contexto atributivo cualquiera tiene que ver con la distinción entre partes integrantes (incluso cuando ellas son partes formales) y partes determinantes (que pueden ser, tomadas por separado, partes materiales o genéricas, como lo son las determinantes de «rectángulo» o «equilátero» para el cuadrado). En general, las partes integrantes se concatenan con otras partes de su nivel (es decir, diaméricamente), y pueden estar determinadas a un lugar propio; las partes determinantes, en cambio, suelen ser componentes que engloban a varias partes integrantes (en el límite, a su totalidad). Desde este punto de vista las partes integrantes son partes de primer orden, mientras que las partes determinantes son partes de segundo orden respecto de aquellas. Es conveniente subrayar que los lugares de las partes determinantes y los de las integrantes no son incompatibles o excluyentes, y que una parte determinante puede a la vez ocupar el lugar de varias partes integrantes.

Un lugar puede ir referido, según esto, a un orden de partes integrantes o a un orden de partes determinantes; dicho de otro modo: existe un orden primario de lugares (o lugares de primer orden) y un orden segundo (lugares de segundo orden, de orden secundario, lugares distinguidos), y estos lugares pueden ser característicos, es decir, *singularidades* respecto de las partes del contexto, tanto en un sentido constitutivo como en un sentido distintivo. Por ejemplo, en una orquesta sinfónica los lugares (las sillas) de los músicos responsables de instrumentos repetidos de cuerda, viento, metal –que son imprescindibles para la orquesta– son lugares de orden primario; el podium, como lugar del director, que es «envolvente total de los demás lugares», es una singularidad, y los lugares contiguos a él (el lugar del primer violín, el del piano, &c.) son lugares de orden segundo. Una distinción similar podría hacerse en el teatro, entre el lugar de los actores de reparto y el lugar de los protagonistas. En una sociedad política habrá también un orden primero de lugares (los ocupados por los millones de ciudadanos que integran la sociedad) y un orden segundo de lugares correspondientes a los representantes de estos ciudadanos (de los que por sinécdoque se dice que ocupan «lugares de responsabilidad política»). Más aún, la distinción entre estos dos órdenes de lugares no se circunscribe a los contextos sociales o políticos, también es aplicable a contextos impersonales. En un arco construido con piedras hay que distinguir el orden de lugares de sus partes integrantes (el lugar de cada dovela) y el orden de sus partes determinantes (los arranques, la clave).

Un contenido al que se le ha asignado ya sea un lugar integrante, ya sea un lugar determinante, puede desempeñar, por otra parte, un papel principal o acaso sólo un papel instrumental, un papel *propio* o *sucedáneo*. Esta diversidad de papeles o de funciones permite también distinguir lugares diferentes en el conjunto en el cual se insertan o actúan los contenidos de referencia (el lugar de acción de un contenido determinante principal no será el mismo que el lugar de acción de un instrumento de aquel contenido).

Recapitulando las distinciones sobre lugares que hemos ido estableciendo, o si se prefiere, los valores que puede tomar el término «lugar» considerado como variable en nuestro tema, diremos que los más significativos son los siguientes:

(1) Por un lado, la distinción entre lugares neutros y lugares normativos (que depende, desde luego, de un sistema de principios dados). Esta distinción se manifiesta en la forma de la distinción entre el lugar *factual* que ocupa (en una sociedad dada, en un plan de estudios) la filosofía en la educación y el lugar *normativo* que, en relación al sistema de principios, le corresponde. Es una distinción coordinable a la que media entre el ser y el deber ser, entre el indicativo y el imperativo, siempre que se tenga en cuenta que coordinación no es identidad (cuando hablamos de lugar factual no necesitamos suponer un ser previo al deber ser, puesto que ese lugar factual podría ser el resultado de una norma preexistente). Esta distinción la utilizaremos entretejida con la distinción, referida a los «ocupantes del lugar», entre términos *propios* y términos *sucedáneos* (suponiendo, además, que el sucedáneo no es exactamente un sustituto perfecto del término propio).

(2) Por otro lado, la distinción entre valores particulares (en el límite, únicos) y valores múltiples (en el límite, universales) de lugar.

(3) También la distinción entre lugares de orden primero y lugares de orden segundo, es decir, entre lugares integrantes y lugares determinantes.

(4) Y, por último, la distinción entre lugares principales y lugares instrumentales (o lugares de aplicación del instrumento)

III. *«Filosofía»*

Si a propósito del término «lugar» tuvimos que preguntarnos: «¿de qué lugar, de qué tipo de lugar hablamos?», con análogos y reforzados motivos nos preguntamos ahora: «¿de qué filosofía, de qué tipo de filosofía estamos hablando cuando formulamos la cuestión titular sobre el lugar de la filosofía en la educación?».

Porque es evidente que el término *filosofía* se utiliza en muy diversas acepciones e incluso en acepciones opuestas. Nuestra tarea, en este momento, no consiste en seleccionar alguna de estas acepciones, prescindiendo, en virtud de una decisión personal, de las restantes; tarea además (legitimidad al margen) prácticamente inviable si tenemos en cuenta que las diversas acepciones no por ser distintas están desconectadas entre sí. Nuestra tarea del momento ni siquiera la concebimos como orientada a exponer un número indeterminado de acepciones que puedan tener significado o pertinencia respecto del tema titular de esta ponencia, puesto que el conjunto resultante de la asociación no podría menos de ser «aleatorio». Lo que nos proponemos es establecer determinadas clasificaciones de acepciones concebidas de tal modo que, en virtud de su misma forma, nos proporcionen la seguridad de que «cubren el campo», de que son exhaustivas, aun cuando no lo agoten.

Dejaremos de lado, huyendo de la prolijidad, criterios de clasificación (que hemos utilizado en otras ocasiones) que sin duda alguna pueden tener interés para nuestro asunto, y que además podrían cruzarse fácilmente con los que vamos a utilizar. Por ejemplo, los criterios que tienen en cuenta las relaciones de la idea de filosofía con la idea de hombre, individual o socialmente considerado, tanto si esta relación se entiende como inmediata o como mediata. En función de estos criterios podríamos discriminar una concepción de la filosofía que determinase de un modo peculiar la manera de entender la cuestión del lugar de la filosofía en la educación: quienes conciben a la filosofía como inmediatamente vinculada al ser humano, sea en su aspecto individual de animal racional (la filosofía apunta ya en el niño que alcanza la fase del *por qué*), sea en su aspecto social de animal político (la filosofía identificada a la *Weltanschauung* de cada sociedad), tenderán a dar respuestas características a la cuestión del lugar que a la filosofía corresponde en la educación. Respuestas que serán muy distintas a las de quienes conciban la filosofía como mediatamente ligada al ser humano, es decir, como actividad que sólo se desencadena en algunos individuos, o bien en algunas sociedades o culturas (por ejemplo, si siguiéramos a Comte, en aquellas que hubieran rebasado el «estado teológico»).

El criterio principal al que nos atendremos en el planteamiento del significado práctico de la filosofía en relación con la educación, será el que tenga en cuenta las relaciones de la filosofía con otros contenidos del presente «en marcha» (social, tecnológico, político, científico, &c.). {Es obvio que nuestro criterio puede variar significativamente según como sea entendido el *presente social* (no ya individual). Suponemos que la Idea de «Presente» se nos ofrece desde dos perspectivas distintas, aunque indisociables: una perspectiva *formal*, egocéntrica (el presente práctico es ahora un círculo histórico, de límites borrosos, pero centrado en nosotros, por ejemplo, en mi generación), y una perspectiva *material*, histórica (en donde se delimitan las *épocas* o *edades* históricas). El presente está siempre inmerso en una época, y una época es, generalmente, una sucesión de presentes. Pero es más fácil ponernos de acuerdo (aun a título de mera convención) en la delimitación del radio que haya que atribuir al presente, que en la delimitación del radio de una época. Al presente podría dársele el radio (tomando como centro nuestra generación) de un siglo, pues más o menos ocupan un siglo los hombres vivos que influyen sobre mi generación y aquellos en los que mi generación influye, así como recíprocamente (los hombres que influyen en mi generación, sin que ésta pueda influir en aquellos, pertenecen al *pasado*; los hombres sobre los cuales mi generación puede influir sin que ellos puedan influir sobre nosotros, pertenecen al *futuro*). Pero la delimitación de una época histórica (sobre todo en lo que tiene de determinación material de nuestro presente) nos compromete con el conjunto de la historia universal: no podemos hablar de época medieval (o de edad media) sin hablar de edad antigua y de edad moderna. ¿En qué edad situaremos a nuestro presente? ¿Y acaso nuestro presente no está coincidiendo con el final de una época, o con el principio de otra? Muchos de quienes vivieron en Francia en un presente centrado en torno a 1792 creyeron que estaban asistiendo a la aparición de una nueva Era, y comenzaron a contar los años desde 1. Muchos de quienes viven en nuestro presente creen que está acabando una época: unos hablan del fin de la época industrial y definen nuestro presente como el principio de la sociedad postindustrial (por tanto, de la sociedad postproletaria, de la sociedad postcomunista); otros hablan del fin de la época moderna y conciben al presente como la obertura de la sociedad postmoderna; algunos hablan del fin de toda época histórica, del fin de la historia, o ven en el nuevo milenio el comienzo efectivo de la «era de los contactos de la tercera fase». Ahora bien, para nuestro propósito no necesitamos comprometernos en la determinación material de nuestro presente práctico, en función de una época previamente delimitada. Nos es suficiente destacar alguna característica de nuestro presente que, siendo pertinente para nuestro asunto, sea propia suya, es decir, sea una característica que no pueda ser aplicada a los *presentes* de ninguna otra época. Podrá dudarse, desde supuestos relativistas, de la posibilidad de una determinación semejante de características Sin embargo, ¿no es indudable que nuestro presente está constituido por más de seis mil millones de individuos, y que nunca antes de nuestro presente la humanidad ha alcanzado este volumen demográfico? Si tenemos en cuenta las implicaciones de este hecho (por ejemplo, que haya sido imposible haber alcanzado esta cifra sin contar con la revolución científica e industrial, y con las consecuencias políticas, económicas, culturales, &c. de la misma), ¿no estaremos autorizados para considerarlo como una característica (buena o mala, esto es otra cuestión) de nuestro presente? En este orden de cosas, propondríamos como característica de nuestro presente a la que podríamos denominar «conceptualización virtualmente integral» de todas las partes de nuestro mundo (del mundo del presente). Mientras que en un pasado no muy lejano cabía todavía encontrar «tierras vírgenes» (y no sólo en el sentido geográfico: también en el sentido histórico, lingüístico, político, &c.), es decir, tierras no roturadas por las tecnologías o por las ciencias positivas, en nuestro presente esto es prácticamente imposible. Todas las partes de nuestro mundo están *conceptualizadas* (con mayor o menor rigor, sin duda) mediante conceptos tecnológicos o científicos. No es posible ya mirar «ingenuamente», como si las estuviéramos descubriendo por primera vez, a las estrellas, a las ruinas, a las lenguas, a las otras culturas. Todos estos campos han sido ya «pisados» y roturados –*conceptualizados*– y, por tanto, sólo a través de los conceptos, podemos, en nuestro presente, enfrentarnos con nuestro mundo de un modo crítico (una crítica que puede afectar, desde luego, a los propios conceptos). Nosotros, salvo que practiquemos la poesía, no podremos hablar ingenuamente del agua como lo hacía Tales de Mileto; el agua de nuestro mundo está conceptualizada por la ciencia física y química, y sólo a través de sus conceptualizaciones podemos hoy regresar hacia las Ideas que con el agua estén vinculadas. Se comprenderá, según esto, la pertinencia de tomar a «nuestro presente» como criterio para diferenciar las diversas maneras según las cuales puede entenderse la filosofía, en función precisamente a como estas diversas maneras se refieran al presente.}

En función de este criterio pondremos a un lado las acepciones susceptibles de ser incluidas en un tipo A (caracterizado por concebir a la filosofía como un «saber», «actividad», «institución», «disciplina», &c., *exenta* respecto de ese presente; tipo al que fácilmente podemos asociar las concepciones que consideran la filosofía como ligada inmediatamente al «ser humano») y las que puedan ser incluidas en un tipo B (caracterizado por concebir la filosofía como dependiente, inmersa o implantada en ese presente; tesis que se conjuga fácilmente, aunque no exclusivamente, con la concepción de la filosofía como actividad ligada mediatamente al «ser humano», sobre todo a través de alguna determinada sociedad o cultura viviente). Los otros criterios que tendremos en cuenta serán utilizados como subordinados a este criterio principal. Por lo demás, las concepciones de la filosofía en cuanto actividad, saber, &c., *exento* (respecto del presente), aunque no nieguen, en el plano de la génesis, que psicológica o históricamente toda filosofía ha de partir de un presente actual, proceden como si, en el plano estructural, la filosofía pre-existiese al presente, como un saber sustantivo hipostasiado, de suerte que pudiera decirse que tal saber llega al presente desde un «más allá» o de un «más atrás», para iluminarlo o para oscurecerlo. Pero cuando se concibe la filosofía como inmersa o implantada en el presente, entonces ella no podrá perder nunca su condición de actividad que se lleva a efecto desde el presente (sin perjuicio de que desde él pueda llegar a creer en la posibilidad de rebasar el presente, e incluso de alcanzar las condiciones para poner el pie en lo eterno).

En todo caso, las acepciones ante cuya presencia nos lleva el desarrollo de los criterios utilizados no las entenderemos como posiciones axiomáticas, menos aún como independientes. En realidad, funcionan como si fueran «perspectivas reversibles» o «duales»: más que hablar de acepciones A y acepciones B sería conveniente hablar de perspectiva A (que se cree capaz de contemplar, a la vez, a los contenidos dados desde B, desde su propio marco) o de perspectiva B (que se cree capaz de contemplar a los contenidos de A desde el suyo). Las entenderemos, en suma, como acepciones y oposiciones que, de hecho, funcionan por vía de ejercicio, y a veces de representación. La dificultad propia de esta distinción deriva de la circunstancia de que la estructura dialéctica de la oposición entre sus miembros nos impide componerlos acumulativamente en una «síntesis» superior y nos obliga a *tomar partido* por uno o por otro.

(A) «Filosofía», desde luego, se ha entendido (o se entiende) muchas veces desde una perspectiva exenta, por respecto de los contenidos considerados efímeros del presente tecnológico, social, cultural, científico, político, &c. Este modo de entender la filosofía no debe identificarse con el modelo que pudiera considerarse como su realización más radical, a saber, la concepción de la filosofía como *fuga saeculi*, según el prototipo neoplatónico (Plotino: «los asesinatos, las matanzas, el asalto y saqueo de las ciudades...» no deben preocupar al sabio, que está por encima de todos estos accidentes); también comprenden a las concepciones de la filosofía como sabiduría que, no por creer haber alcanzado una perspectiva autónoma, independiente o distanciada del presente, excluye «la vuelta a la caverna» y espera, desde su sabiduría «exenta», hacer posible el enjuiciamiento crítico y sereno del presente en el que se ejercita. En cualquier caso, la filosofía, autoconcebida como exenta, nos interesa sobre todo en la medida en que ella vaya ligada a una doctrina o conjunto de doctrinas más o menos precisas. No ignoraremos, sin embargo, la posibilidad de entender la filosofía exenta, pero en función de una praxis o ejercicio (que también podría requerir una educación o ascética característica) orientado a prescindir de toda doctrina, en beneficio de una «visión intuitiva» de la «realidad última». Diremos, por último, que la filosofía, autoconcebida como exenta, tenderá a ser tratada como un saber «de primer grado», referido a su supuesta sustancialidad, que permitiera alimentar ese saber en cuanto exento respecto de un presente que permaneciese «por debajo»; un saber de primer grado que oponemos a la concepción de la filosofía como saber de segundo grado (por respecto de ese presente social, científico, &c., respecto del cual se definirían las cuestiones filosóficas). Un saber de segundo grado que no es incompatible con el reconocimiento de una sustantividad no exenta, desde luego, pero sí similar a la que el «actualismo» reivindica para la idea de sustancia, a saber, el entendimiento de la sustantividad como algo que se mantiene, no por debajo de los accidentes, sino en el curso mismo de la realización de estos accidentes.

Ahora bien, la distancia o *regressus* del presente, que ponemos como condición de una filosofía exenta, puede tener lugar de dos maneras muy diferentes e incluso enfrentadas entre sí (aunque también pueden, en parte, intersectarse) que llamaremos el *modo dogmático* o *escolástico* de entender la filosofía, en lo que tenga de sustancia exenta, y el *modo histórico* (y, por ampliación, el *modo etnológico*).

(1) El primer modo de entender la filosofía exenta respecto del presente nos sitúa intencionalmente en un mundo intemporal, incluso eterno, el mundo que contiene a Ideas supuestamente eternas tales como Ser, Acto Puro, Persona, Dios, Justicia, Verdad, Conocimiento, &c., el mundo de los primeros principios y de las primeras causas. La filosofía exenta cobrará ahora el aspecto de un saber (no sólo de un amor al saber) que podrá tomar la forma de un cuerpo de doctrina enseñable y transmisible, a la manera como se transmiten los cuerpos de doctrina, también intemporales para muchas teorías de la ciencia, de las matemáticas o de la mecánica. La filosofía exenta tenderá a tomar la forma de filosofía escolástica, así como recíprocamente, una filosofía que haya tomado, por los motivos que sean, la forma escolástica tenderá a autoconcebirse como filosofía sustantiva, exenta y eterna. Más aún: la filosofía, a veces, junto con la misma revelación religiosa, será puesta «más allá» de la Cultura: será considerada como *praetercultural*, es decir, no será vista como una forma cultural más entre las formas históricas. La filosofía, como las matemáticas, ya no sería, por sí misma, un contenido cultural, y ni siquiera podría considerarse como un contenido natural.

Por lo demás, la filosofía exenta escolástica no excluye, por su parte, el reconocimiento de una necesidad pedagógica, psicológica, propedéutica y aun política, de partir del presente, que se entenderá como el conjunto de las apariencias o de los fenómenos. De este modo, una filosofía que se autoconcibe como exenta no excluye el reconocimiento de la necesidad de un filosofar, como fase imprescindible para alcanzar el saber: «mostrar que nuestro tiempo es propicio a la elevación de la filosofía a ciencia sería la única justificación verdadera...», dice Hegel en el prólogo a la *Fenomenología del Espíritu.*

Como modelo por antonomasia de la filosofía escolástica tomaremos obligadamente a la filosofía tomista (en amplio sentido, que incluye al suarismo, por ejemplo); pero también se aproxima al modelo escolástico o dogmático la filosofía cartesiana, en tanto que (aun después de su duda universal) cree haber alcanzado el primer principio inconmovible a partir del cual puede derivarse todo el saber posterior, el *cogito, ergo sum*. También es generalizable el concepto de filosofía escolástica a la filosofía neokantiana, al «sistema de filosofía» de los krausistas españoles y ulteriormente al *Diamat* en cuanto sistema de la filosofía marxista leninista.

(2) El segundo modo de entender la filosofía exenta respecto del presente es el que nos remite (intencionalmente) no ya a un mundo intemporal, sino a un mundo pretérito (histórico o prehistórico, que algunos extienden hasta «nuestros contemporáneos primitivos»), al mundo que alberga los pensamientos filosóficos que ya han sido formulados y que han quedado incorporados bien sea al «presente etnológico» bien sea al «pretérito histórico». Un pretérito que se nos ofrece, además, como plataforma privilegiada para mirar críticamente desde su lejanía a nuestro presente social, cultural, político, científico, &c.

Una forma extrema, y muy vigorosa, de situarse en esta «sustantividad del pretérito» es aquélla que, en lugar de acogerse al conjunto de los contenidos que nos ofrece «el pasado», se cree en condiciones de poder delimitar una región de ese pasado (a veces, un único «pensador»), a fin de otorgarle la dignidad de una «fuente de la sabiduría». La misión de la filosofía se definirá entonces, en función de ese manantial, como interpretación, desvelamiento y retorno incesante a supuestas verdades arcanas que habrían sido ya pronunciadas. Unos verán a Parménides como el «profeta» que des-veló el «sentido del Ser»; otros percibirán esa «luz auroral» en los presocráticos, llegando a veces a afirmar que todo lo que vino después (Platón y Aristóteles incluidos) no fue sino el resultado de una maniobra encaminada a producir el «encubrimiento del Ser». La labor del filósofo del presente consistiría, según este modo peculiar de entender la filosofía como exégesis o hermenéutica (que se limita a sustituir los textos sagrados de la *Biblia* o del *Corán* por los textos de algunos filósofos o escritores místicos), en aprender a escuchar los mensajes de una «revelación sapiencial» que ya habrían sido proferidos acaso desde hace más de dos milenios. Aunque no siempre será necesario ir tan lejos: otros se aplicarán a la escucha de Böhme, de Hölderlin, de Nietzsche, de Wittgenstein o de María Zambrano, y cifrarán su misión filosófica en la hermenéutica, cada vez más «profunda», de esos mensajes sapienciales. Este modo límite de entender la filosofía exenta (respecto del presente) da lugar a un «género literario» bastante bien representado entre los profesores españoles de filosofía, y tiene un interés que depende, obviamente, del arte de cada intérprete. No es esta la ocasión de impugnar el significado filosófico de este modo de entender la filosofía, pero sí conviene observar que las interpretaciones de estos «mensajes sapienciales», aunque no puedan ser tomados como revelaciones de una sabiduría profunda y eterna, podrán ser reconocidos como exposiciones históricas en las que se revela no ya «el Ser», pero sí una generación, una etnia, un grupo social o una época históricamente determinada.

Ahora bien, la forma ordinaria de concebir la «sustantividad del pretérito» no consiste tanto en otorgar a un pensador, a una escuela o a una época la dignidad propia de una fuente de sabiduría, cuanto en extender esta consideración al conjunto de los «pensadores» que aparezcan concatenados en una tradición histórica de longitud suficiente y de continuidad probada. La sustancia de esta filosofía exenta está ahora asegurada por la consistencia misma de su tradición; tradición pretérita y compacta que se manifiesta, en la filosofía de origen helénico, en la concatenación recurrente de referencias expresadas en las citas de los textos de unos filósofos a los textos de quienes les precedieron.

Por lo demás es evidente que la idea de una Historia de la filosofía, considerada como sustancia (histórica) de la misma filosofía, implica ya una filosofía. Por ejemplo, una filosofía anticartesiana (en la 6ª parte de su *Discurso*, Descartes ha propuesto la eliminación de la Historia). El entendimiento de la Historia de la filosofía como la sustancia misma exenta de la filosofía propicia el tratamiento de la Historia de la filosofía como una «historia filosófica» (es decir, no meramente filológica, ni tampoco concebida como historia de los filósofos), ya sea de índole escéptica (la Historia de la filosofía es la exposición de la *diafonia ton doxon*), ya sea de índole progresista (la Historia de la filosofía hecha dcsdc clla misma, como sugirió Dietrich Tiedemann, nos lleva a la plataforma más elevada, evita el dogmatismo ahistórico y nos permite trazar el terreno a partir del cual tenemos que partir), ya sea de índole pragmático-sistemática (la Historia de la filosofía nos ofrece el repertorio completo de las posibilidades abiertas por el entendimiento humano entre las cuales tenemos que elegir), o sencillamente nos pone en presencia de las constantes del pensamiento humano (de la *philosophia perennis* en el sentido de Leibniz, presente, a su modo, en grandes historiadores de la filosofía, como Windelband o Brehier).

La forma habitual de manifestarse esta concepción de la filosofía es la que toma como referencia la tradición helénica, que a través de romanos y cristianos, judíos y musulmanes, llega hasta el Renacimiento y después hasta nosotros. La «sustancia de la filosofía» se identifica ahora con la «Historia de la filosofía», en el sentido ordinario del término en nuestros planes de estudios (los breves capítulos dedicados a las «filosofías orientales» y «étnicas» no modifican la línea general). La transcendencia práctica de esta concepción es bien conocida: el saber filosófico vendrá a entenderse fundamentalmente como un saber histórico, que no por ello tiene por qué haber perdido actualidad. En principio, este saber tendrá un alcance similar al que en música suele ser otorgado a la «música histórica-académica», considerada como la sustancia misma de la música («creo en Dios, en Mozart y en Beethoven»), y nutre a la vez a la música de repertorio, que constituye el contenido de la mayor parte de los conciertos «académicos» en todo el mundo. Hay música del presente, como hay filosofías del presente, pero éstas «todavía no han entrado en la historia», y a ellas sólo será posible referirse en un capítulo final o epilogal, generalmente amorfo, y entendido, además, siempre en función de las escuelas pretéritas. Desde luego, la sustancia histórica de la filosofía (que suele oponerse a la filosofía sistemática, considerada por aquella como un contenido histórico más o como un episodio meramente ideológico) constituye la materia más compacta de los saberes profesionales del cuerpo de profesores de filosofía. En su estado más puro, es decir, cuando la «sustancia histórica» no está, a su vez, asimilada a un sistema, ni quiere asimilarse a ninguno (tomando la forma de una historia filosófica de la filosofía), entonces, la filosofía se convierte en filología o incluso en doxografía.

Sería demasiado simple sobrentender, por tanto, que la filosofía, así entendida, es una simple evasión del presente, como si esta evasión fuese posible. Es indudable que la perspectiva histórico-filosófica puede desempeñar, y desempeña de hecho, el papel de una aguda disciplina crítica del presente (entendiendo ante todo crítica como clasificación taxonómica de las ideologías con pretensiones incluso de novedad revolucionaria).

Pero hay otra manera de interpretar la concepción de la filosofía como un *regressus* hacia una sabiduría ya dada, a saber, la que se vuelve hacia el «pretérito prehistórico», hacia el pensamiento salvaje o, sencillamente, hacia el «presente etnológico», en el que flotan las concepciones del mundo propias de otras sociedades o culturas distintas de las del área de difusión helénica (concepciones que en los tratados de Antropología suelen ser expuestas bajo la rúbrica «filosofía»). Bastará extender el concepto de filosofía a esas «concepciones del mundo» de otras culturas para que, en nombre del relativismo cultural, la «filosofía etnológica» pueda acusar de «eurocéntrica» a la concepción histórica tradicional. Sin duda, este modo de entender la sustancia de la filosofía, aunque encuentra en las Facultades de Antropología o de Sociología los escenarios propios para su desarrollo (de hecho, en estas Facultades, la filosofía, en sentido tradicional, ha sido definitivamente expulsada, a pesar de que, al menos teóricamente, tendría el derecho de ser tratada por lo menos como una parte más de la cultura de los pueblos mediterráneos), incide también, en mayor o menor medida, en las propias Facultades de Filosofía y en muchos profesores de filosofía de Enseñanza Secundaria. Todos ellos, podrían considerarse estimulados, en parte al menos, por la tendencia en alza, principalmente entre los físicos, a citar proverbios mayas, chinos o hindúes, antes que las máximas de filósofos griegos, habituales en una época anterior.

(B) El segundo gran grupo de maneras de entender la filosofía (opuestas a las maneras que hemos clasificado en el grupo A) acaso quedaría caracterizado suficientemente subrayando su tendencia a considerar la filosofía como *implantada* o *inmersa* (= no exenta) en el presente práctico (social, político, científico, &c.) como ámbito propio suyo, y no ya sólo en su momento inicial (por ejemplo en la fase de educación, de aprendizaje) sino también en su fase madura. La filosofía será entendida ahora como «implantada en el presente» y como actuando siempre desde el presente; jamás pretenderá proceder como si hubiera logrado saltar más allá o por encima del presente, poniendo el pie en el fondo último de la realidad (tanto si ésta se identifica con los quarks como si se identifica con las personas de la Santísima Trinidad). Antes bien, se comportará como si, desde el presente, se estuvieran explorando todas las Ideas que logran hacerse visibles, y esto tanto para el caso de lo que llamaremos *filosofía adjetiva* como para el caso de lo que llamaremos *filosofía crítica*. Acaso valdría la siguiente fórmula. Que mientras las concepciones de la filosofía del tipo A tenderían a considerar el presente desde el pretérito, o desde lo eterno, las concepciones de la filosofía del tipo B tenderían a considerar el pretérito, o lo eterno, desde el presente. Otro modo de caracterizar diferencialmente este tipo B de concepciones de las que hablamos sería el subrayar la tendencia a ver la filosofía como un saber de segundo grado, un saber crítico de saberes (del presente), frente al saber de primer grado más probablemente pretendido por las concepciones incluidas en el tipo A.

La concepción de la filosofía como actividad inmersa en el presente puede, en todo caso, encarnarse en tipos tan diferentes y aun enfrentados entre sí como diferentes y enfrentados entre sí estaban los tipos (1) y (2) que hemos distinguido en las concepciones exentas, y que enumeraremos correlativamente. En efecto:

(3) Podríamos entender, ante todo, la inmersión o implantación de la filosofía en el presente en un sentido radical, a saber, en un sentido que llegue a negar a la filosofía cualquier tipo de sustantividad, exenta o actual, declarándola como un saber adjetivo. Por tanto, no sólo como un saber de segundo grado, sino, a la vez, como un saber adjetivo, enteramente inmerso en los saberes mundanos del presente y determinado por ellos.

La concepción adjetiva de la filosofía se combina bien con las tendencias a considerar la filosofía como parte de la cultura del presente, puesto que una filosofía que se identifica con la misma supuesta cultura del presente (una cultura entendida como capaz de determinar la conciencia filosófica, a la manera, más o menos, como, según Marx, el «ser social del hombre» determinaba su conciencia) será a la vez entendida, con toda probabilidad, como una filosofía adjetiva, como un epifenómeno o un pleonasmo de esa cultura de referencia (la filosofía de los bantúes se expresa en el modo de tocar sus tambores, venía a decir el padre Tempel). En cambio, una filosofía que se considere a sí misma como no susceptible de ser incluida en la cultura de su época (concibiéndose, por ejemplo, como praetercultural, a la manera como praeterculturales son, para algunos, las matemáticas) difícilmente podrá considerarse a su vez como adjetiva. También es cierto que la razón por la cual puede ser excluida la filosofía de su presente no sea otra sino la de verla como un subproducto suyo, incluso como un subproducto corrosivo de la propia cultura viviente en cuyo seno actúa: así es como

San Pablo conceptuó a la filosofía griega («libráos de las necias y falsas filosofías») y así es como, también Nietzsche, con espíritu paulino que él no advirtió, conceptuó a esa misma filosofía («Sócrates fue el asesino de la tragedia griega»).

Señalemos las dos versiones más interesantes para nuestros propósitos de este modo inmerso y adjetivo de ver la filosofía:

(3a) Ante todo, la que suele llamarse «filosofía espontánea de los científicos» y, por extensión, la filosofía entendida como reflexión, de segundo grado, llevada a cabo «a pie de obra» de las ciencias positivas. Una filosofía que acompañaría a cada ciencia como una nube que fuera formándose a su alrededor (por ejemplo, la filosofía de la propia idea de ciencia). Según esta concepción la filosofía carecerá de sustancia propia; su cometido, si es que le queda alguno, es recoger los resultados arrojados por las ciencias categoriales, esclarecerlos, confrontarlos, a veces incluso coordinar sus principios o resultados. Las concepciones de la filosofía propias del positivismo de Comte, y, sobre todo, del neopositivismo de Schlick son los mejores ejemplos que podemos señalar para ilustrar esta versión de la filosofía adjetiva. Por otra parte, cabe observar (por no decir denunciar) la creciente voluntad de los científicos (sobre todo físicos o biólogos) por hacerse presentes públicamente ante cuestiones de naturaleza filosófica, ofreciendo sus opiniones como «filosofía formulada desde el punto de vista de un científico». En nuestros días el género literario cultivado por físicos principalmente (aunque también por biólogos) en sus «obras de síntesis» constituye uno de los más notables *sucedáneos* de la filosofía. {Tomamos el término *sucedáneo* no tanto en su acepción genérica (sustituto con propiedades similares), sino en su acepción más específica de «sustituto con propiedades similares aparentes», pero sin los verdaderos principios activos de la sustancia original (las «ciudades Potemkin», meros decorados, eran sucedáneos de las ciudades efectivas que Catalina II creía ver en su viaje de 1787 por Crimea). Decimos en este sentido que la «visión científica del mundo» propuesta por un científico en cuanto tal, es decir, desde la perspectiva de sus categorías científicas (otra cosa es que el científico se sitúe en la perspectiva del filósofo) es siempre un sucedáneo de la filosofía. Pues al científico, en cuanto tal (en cuanto matemático, en cuanto físico...), no le corresponde formular «visiones del mundo», sino que le corresponde formular «visiones de su propio campo». Y cuando pretende aplicar los conceptos categoriales, por rigurosos que sean en el ámbito de su esfera, a otros contextos, los distorsionará y tergiversará las ideas correspondientes. En este sentido, su perspectiva de científico estorba, más que favorece, su comprensión filosófica, y la hace acrítica, ingenua y, a veces, pueril. Tan pueril como nos suena hoy la «visión científica» que un «hombre de ciencia» tan ilustre como lo fue Ernesto Haeckel desarrolló (partiendo de la llamada «Ley de la entropía») en torno a los problemas filosóficos de la ética, con una definición supuestamente filosófica del bien y del mal: «Es mala toda acción o conducta que implica un despilfarro de energía conducente a un incremento de calor del Universo y es buena toda acción o conducta que comporta un ahorro de la cantidad de energía transformada en energía térmica, aplazando por consiguiente, la muerte térmica del Universo». Las «visiones científicas» del mundo suelen no ser otra cosa sino reexposiciones de concepciones arcaicas disimuladas con una vestidura científica o técnica y apoyadas en el prestigio de los científicos. Se comprende esta posibilidad si se tiene en cuenta que un científico no puede menos que distorsionar la realidad cuando pretende ajustarla a sus exclusivos conceptos categoriales; pero cuando utiliza categorías científicas que no son las de su especialidad deja de ser propiamente científico, por lo que no tiene por qué arrogarse esta condición al exponer su «visión científica del mundo». Esto explica la frecuencia con la cual muchos eminentes científicos en un campo categorial determinado mantienen en otros campos posiciones que pueden llegar incluso a ser consideradas como supersticiosas: Wallace (el creador junto con Darwin de la teoría moderna de la evolución) creía en la telepatía; Crookes (el descubridor del talio y de los tubos de su nombre) creyó haber logrado fotografiar un espíritu; y Alexis Carrell creía en los milagros de Lourdes. Científicos distinguidos como Fred Hoyle o Carl Sagan «creen» en los extraterrestres; y son legión los químicos y físicos que creen en nuestros días no solamente en Dios, sino que al comulgar, creen también en la transubstanciación de los accidentes de pan y vino en el cuerpo de Cristo en la hostia consagrada. Ahora bien: que las ciencias categoriales no tengan por sí mismas capacidad para dar lugar a una visión filosófica crítica del mundo –de otro modo: que la excelencia de un científico en su esfera no constituya ninguna garantía para asegurarle un dominio sobre el razonamiento filosófico– no quiere decir tampoco que las ciencias positivas se muevan en un terreno distinto y neutral respecto de cualquier concepción del mundo de índole metafísica, mitológica o teológica, porque, al menos en aquellos puntos en los cuales las referidas concepciones del mundo se comprometen en cuestiones que intersectan con las materias tratadas por las ciencias, la confrontación con éstas es inevitable. Carecen de todo fundamento, salvo el de interés ideológico, las afirmaciones, que hoy vuelven a ser reiteradas una y otra vez, según las cuales la ciencia o la racionalidad científica se mantienen en un plano neutral y paralelo al plano de la fe teológico-religiosa, con el cual, por tanto, y en virtud de ese paralelismo, no podrían nunca converger. Es cierto que la mayor parte de los conflictos históricos habidos entre la religión judeo cristiana y las verdades que las ciencias positivas fueron ofreciendo –el conflicto en torno al geocentrismo, en la época de Copérnico y Galileo; el conflicto sobre la edad de la Tierra en la época de Buffon o de Lyell; el conflicto sobre el origen del hombre en la época de Darwin o Huxley, &c.– fueron resolviéndose «en el terreno diplomático»; pero no porque los conflictos hubieran resultado ser aparentes, ni porque hubieran sido retiradas las conclusiones de la razón científica positiva: las que se replegaron, refugiándose en el alegorismo o en la doctrina de los «géneros literarios», fueron las Iglesias católicas y protestantes, *obligadas* precisamente por el empuje de la racionalidad científica. ¿Pueden decir con verdad estas Iglesias que el avance de las ciencias no afecta a su fe, considerada en el terreno de su dogmática, o podrán decir sólo con verdad que el avance de la ciencia no afecta, al menos tal como podía esperarse, a su organización social? El conflicto fundamental entre las «religiones superiores» y la «razón» no se libra en todo caso en el campo de batalla de las ciencias positivas, sino en el campo de batalla de la filosofía. Aquí se encuentran los lugares ocupados por el razonamiento filosófico (la existencia de Dios, la inmortalidad del alma humana) donde las Iglesias no pueden ceder, y por ello cabrá afirmar que es en estos lugares en donde los conflictos entre la fe y la razón se producen de un modo irreducible, más que en los lugares en donde se enfrenta una ciencia positiva determinada con un dogma particular.}

(3b) Pero también es preciso constatar, como una versión mundana en ascenso de esta concepción *inmersa* y *adjetiva* de la filosofía, la corriente, cada vez más extendida, que tiende a entender a la filosofía, no ya exclusivamente como una especie de «secreción espontánea» de los científicos, sino muchas veces y casi exclusivamente, como una «secreción espontánea» de las diferentes actividades propias de la vida práctica «mundana» del presente (tal es el caso de quienes hablan de la «filosofía del Departamento de Estado» o de la «filosofía de los créditos bancarios a largo plazo»). Podríamos denominar «concepción genitiva» de la filosofía a esta concepción de la filosofía, dada la utilización del genitivo subjetivo que llevan a cabo quienes la proclaman. Porque ahora la filosofía se nos manifiesta (podríamos decir) como la formulación de la conciencia o reflexión crítica de quienes, teniendo que tomar una decisión práctica (frente a otras alternativas) o adoptar una estrategia (frente a terceras), advierten que su decisión no puede simplemente justificarse o fundarse en motivos «técnicos» (diríamos: categoriales), puesto que requiere la consideración de muy diversos motivos categoriales («interdisciplinares») y de presupuestos políticos, morales, &c. con los cuales además es preciso entrar en compromiso desde el momento en que la decisión a adoptar es vivida como una decisión necesaria. Apelar, en estos contextos, para referirse a toda la nebulosa ideológica que rodea una tal decisión, al nombre de «filosofía», tiene sin duda un componente crítico indiscutible. Pues es seguramente a través de esa apelación como se manifiesta la conciencia de que, en el proceso, se están «abriendo caminos», ideas o principios no determinados categorialmente; y, además, principios abiertos, enfrentados a terceros y, a la vez, con posible analogía (sistemática) con los principios de otras filosofías genitivas asumidos en otros terrenos. El precepto *primum vivere, deinde philosophare* queda sin efecto en el caso de la filosofía inmersa y adjetiva, puesto que ahora el «filosofar» no es disociable del vivir activamente una decisión entre otras o de adoptar calculadamente (racionalmente) una estrategia militante o política entre otras «posibles».

La filosofía genitiva es, desde luego, una forma en auge de la concepción de la filosofía adjetiva de nuestros días. Es una filosofía mundana y, por ello, no hay que confundirla con la «filosofía centrada» (también llamada «filosofía de»), es decir, con las disciplinas filosóficas que figuran en planes de estudios, tales como «Filosofía de la Técnica», «Filosofía de la Ciencia» o «Filosofía de la Religión». La «filosofía centrada» es filosofía académica, y, aunque utilice también en sus rótulos la forma genitiva (que muchas veces tiende a ser sustituida por una denominación nominal: «Epistemología» en lugar de «Filosofía del Conocimiento»), lo hace no ya en la forma de genitivo subjetivo, que ya hemos constatado, sino según el sentido del llamado genitivo objetivo («Filosofía de la Técnica», como disciplina, es antes la filosofía que *centra* sus análisis en torno a la técnica, en cuanto objeto de estudio, que la filosofía que una técnica dada *segregase* de su seno). {Sin embargo, el concepto de filosofía genitiva, que se ejercita tan vigorosamente en nuestro presente, no se circunscribe a él. Tiene potencia para aplicarse a muchas formas –por no decir a todas– de la filosofía del pasado, formas que ordinariamente se interpretan desde la filosofía exenta, dogmática o histórica. ¿Acaso la filosofía platónica no habría de considerarse como una filosofía genitiva que brota de las «experiencias geométricas» o «políticas» de la época ateniense? Es el presente el que ha cambiado y, por ello, el lema de la Academia, «Nadie entre aquí sin saber Geometría», sólo podrá considerarse actual incluyendo en esa *geometría* a las geometrías del presente. ¿Y cómo podríamos entender el argumento ontológico que San Anselmo expone en su *Proslogio* si lo presentamos como un «argumento intemporal y exento» y no como una idea filosófica que se abre camino a partir de las oraciones de los monjes, de la cita del Salmo, &c.? De otro modo: ¿Acaso el argumento ontológico anselmiano no es otra cosa sino la «filosofía genitiva» que brotaba en un convento medieval a raíz de una ceremonia litúrgica?}

También quienes consideran la filosofía como determinada por la cultura objetiva, o la conciencia filosófica por el ser social del hombre, se inclinarán a sumergir la filosofía en la cultura o en el estado del mundo de la época o de la sociedad correspondiente. Escoto Eriúgena estimaba que la verdadera religión es también la verdadera filosofía, en un sentido no muy lejano al de Tempel, que, como hemos dicho, veía la filosofía en la música de los tambores de los bantúes.

Por último, y en particular, la denominada filosofía lingüística, en tanto se autodefine por su reflexión analítica sobre los usos y juegos de un lenguaje de palabras dado (concretamente, el inglés), podría también considerarse como una forma característica de esto que llamamos filosofía inmersa, incluso en su forma genitiva. Lo que se llamó, después de la guerra mundial, «revolución en filosofía» o «giro en filosofía», podría reexponerse sencillamente como un llamamiento hacia la filosofía inmersa adjetiva (ahora, respecto del lenguaje ordinario), acompañado de la renuncia expresa a toda filosofía exenta, especialmente en su forma sistemática.

(4) En cuarto lugar reconoceremos la presencia de filosofías inmersas, o implantadas en el presente, que, sin embargo, propugnan una sustantividad o sistematicidad «actualista» de la filosofía, cuyo contenido sólo podría ser dialéctico, es decir, aquel que puede constituirse

en el enfrentamiento entre las diferentes formas de organización del presente. Designaremos a esta filosofía como *filosofía crítica*, pero tomando el término crítica no ya en el sentido característico que le dio Kant (y que es indisociable de su idealismo transcendental), sino en el sentido propio que el término tiene en el español, muy anterior a Kant, tal como aparece por ejemplo en la obra principal de Feijoo, *Teatro crítico universal*. Propondríamos, al mismo tiempo, a esta obra de Feijoo, como un caso particular y prototipo, en su tiempo, de lo que entendemos por filosofía crítica.

Es cierto que muy pocos hombres de hoy considerarán ajeno el predicado de «crítico»; prácticamente ningún profesor de filosofía dejará de reivindicar la condición «crítica» de su propia posición. Es preciso, por tanto, determinar de algún modo el sentido particular en que tomamos aquí la expresión «filosofía crítica». Y lo primero que diremos es que entendemos la crítica, considerada en su estructura lógica, ante todo, como una operación que tiene que ver con la clasificación, en tanto incluye la discriminación, la distinción y la comparación. Quien proclama su voluntad «crítica» habla en hueco si no manifiesta los «parámetros» desde los cuales se dispone a ejercitar las operaciones críticas de clasificación. La crítica al cristianismo, por ejemplo, puede ser llevada a cabo tanto desde los principios de la fe musulmana como desde los principios del racionalismo materialista; con todo derecho un musulmán podrá decir de sí mismo (si discrimina, si separa, si ordena, si valora, &c.) que mantiene una vigilante actitud crítica ante lo sucesos del presente.

Como «parámetros» de la filosofía crítica, en el sentido en que aquí utilizamos esta expresión, consideraremos a ciertas evidencias racionales, concretas, *materiales*, dadas en el presente, ante las cuales suponemos que es preciso *tomar partido* y partido positivo, a saber: un conjunto (indeterminado) de evidencias de naturaleza científico positiva y un conjunto (indeterminado) de evidencias de naturaleza moral y ética. Quien no comparta esas evidencias (por fideísmo, por escepticismo o simplemente, por ignorancia) no tendrá nada que ver con el racionalismo crítico en el sentido en que utilizamos aquí este concepto. La filosofía crítica, según esto, no parte tanto de la ignorancia o de la duda universal, cuanto de saberes firmes, históricamente alcanzados, por modestos que ellos sean, saberes que tienen que ver con las matemáticas, con muchas partes de la física o de la biología, o con la «moral universal»; evidencias que implican precisamente la crítica al relativismo cultural y que piden una validez para todos los hombres y para todas las culturas. El hecho de que en unas sociedades la norma sea la monogamia y en otras la poliandria no puede hacernos olvidar que existen otras normas absolutamente universales, por ejemplo todas las que tienen que ver con la virtud de la *generosidad*, tal como la definió Espinosa. Pero la *firmeza* de estos saberes arraiga en la misma estructura práctica de nuestro presente. La filosofía crítica de la que hablamos es, ante todo, crítica de la filosofía exenta; es decir, crítica de la filosofía entendida como filosofía dogmática o como filosofía histórica.

Por nuestra parte, además, consideraremos este modo crítico de entender la filosofía como el núcleo originario de lo que llamamos «filosofía en sentido estricto». Este es el modo en el que la filosofía se ofrece en los *Diálogos* de Platón: una filosofía que se ejercita, por su método, en la crítica de otras alternativas o hipótesis disponibles en el presente (y no es posible olvidar que nuestro presente dista veinticinco siglos del de Platón). Esta es la razón por la cual diremos que la filosofía crítica ha de ser sistemática, puesto que ha de ofrecer, en cada caso, el sistema total de alternativas, reales, no verbales o vacías, entre las cuales pueda «elegirse» apagógicamente.

Hay que subrayar la diferencia entre la filosofía crítica, sistemática, y la pretendida filosofía científica, que tanto predicamento tiene, y no sólo entre los mantenedores de una filosofía escolástica, sino también entre pensadores afectados por el positivismo o el marxismo. La filosofía crítica, tal como la entendemos aquí, aparece muy principalmente como crítica a las construcciones científicas categoriales, que son construcciones cerradas dentro de su categoría; pero la filosofía, por ocuparse de Ideas[4] que brotan a través de esas categorías, no puede

---

4   Utilizamos el término *Idea* en el sentido preciso de las Ideas objetivas que brotan de la confluencia de *conceptos* que se conforman en el terreno de las *categorías* (matemáticas, biológicas, &c.) o de las *tecnologías* (políticas, industriales, &c.). El análisis de las Ideas, orientado a establecer un sistema entre las mismas, desborda los métodos de las ciencias particulares y constituye el objetivo positivo de la filosofía. La Idea de Libertad, por ejemplo, no se reduce al terreno de la política, del derecho, de la sociología, de la moral o de la psicología; también está presente en la estadística o en la mecánica («grados de libertad»), en la física o en la etología: cada una de estas disciplinas puede ofrecer conceptos categoriales precisos de libertad, pero la confrontación de todos estos conceptos,

arrogarse una «categoría de categorías» para sí misma, o una categoría *sui generis* en función de la cual pudiera definirse como ciencia. La filosofía no es una ciencia, lo que no significa que deba dimitir {como geometría de las Ideas} de los métodos característicos del racionalismo.

Cuando hablamos de filosofía académica nos referimos a este modo platónico de entender la filosofía, más que al modo burocrático universitario según el cual suele ordinariamente entenderse esta expresión, sobre todo cuando se la enfrenta con aquello que Kant llamó «filosofía mundana».

Como saber de segundo grado la filosofía crítica no se asignará, por tanto, a un campo categorial cerrado, como el de las Matemáticas o el de la Física. Pues el «campo de la filosofía» está dado en función de los otros, de sus analogías o de sus contradicciones. Y las líneas más o menos identificables que las analogías o las contradicciones entre las ciencias y otros contenidos de la cultura perfilan, las llamamos Ideas, con el propósito de conferir un mínimum de objetivación positiva a los materiales que desencadenan estos procesos tan diversos que englobamos bajo el rótulo de «filosofía crítica». Evitaremos, de este modo, esas fórmulas utópicas que pretenden definir la filosofía a través de conceptos, en el fondo, psicológicos, tales como «filosofía es el amor al saber», o la «investigación de las causas primeras», o el «planteamiento de los interrogantes de la existencia». En su lugar, diremos: filosofía es «enfrentamiento con las Ideas y con las relaciones sistemáticas entre las mismas». Pero sin necesidad de suponer, en principio, que las Ideas constituyen un mundo organizado, compacto, a la manera como las caras constituyen el poliedro. Las ideas son de muy diversos rangos, aparecen en tiempo y niveles diferentes; tampoco están desligadas enteramente, ni entrelazadas todas con todas (por ejemplo, la idea de Dios no es una idea eterna, sino que aparece en una fecha más o menos determinada de la historia; la idea de Progreso o la idea de Cultura tampoco son ideas eternas, ni siquiera fueron conocidas por los filósofos griegos: son ideas modernas, con no más de un par de siglos de vida, y, sin perjuicio de su novedad, la filosofía del presente tiene imprescindiblemente que ocuparse de ellas). Su ritmo de transformación suele ser más lento que el ritmo de transformación

---

desde la perspectiva de la Idea de Libertad, rebasa obviamente cada una de esas disciplinas y su consideración corresponde a la filosofía.

de las realidades científicas, políticas o culturales de las que surgieron; pero, en todo caso, no cabe sustantivarlas. El peligro mayor estriba en este punto en la influencia del arquetipo de una filosofía exenta que acecha de modo, por así decir, insidioso, incluso a quienes creen estar cultivando una filosofía crítica.

El planteamiento de la actividad filosófica como algo que pudiera ser perseguido, proyectado o cultivado por sí mismo («es preciso hacer filosofía auténtica», por ejemplo), contiene ya la hipóstasis de la filosofía como si fuese actividad de primer grado. Pero «la filosofía» no tiene un contenido susceptible de ser explotado o descubierto en sí mismo y por sí mismo, ni siquiera de ser «creado», por analogía a lo que se conoce como «creación musical»: la filosofía está sólo en función de las realidades del presente, es actividad «de segundo grado» y no tiene mayor sentido, por tanto, buscar una «filosofía auténtica» como si pudiera ésta encontrarse en algún lugar determinado. Lo que ocurre es, al contrario, que, por ejemplo, nos hemos encontrado con las contradicciones entre una ley física y una ley matemática: «no busco 'la filosofía' –tendría que decir– sino que me encuentro ante contradicciones entre ideas o situaciones; y, desde aquí, lo que busco son los mecanismos según los cuales se ha producido esa contradicción, sus analogías con otras, &c.»; y a este proceso lo llamamos filosofía. Asimismo será una hipóstasis cultural la llamada «vocación filosófica», como si ésta se despertase espontáneamente al enfrentarse «una conciencia» con «la existencia» (y no más bien con formas de existencia previamente experimentadas); y, desde luego, la decisión de alguien de «estudiar filosofía» (mucho más, si lo que quiere es estudiar «filosofía pura») delatará una hipóstasis inadmisible. Sin duda estas fórmulas podrán actuar como motores psicológicos, pero en relación con el proceso real de la filosofía han de interpretarse como fórmulas vacías y carentes de contenido específico.

Conviene también constatar que una concepción de la filosofía según este cuarto tipo, aunque reclama su inmersión imprescindible en el presente, no se vuelve de espaldas a la filosofía pretérita; entre otros motivos, porque considerará que el pretérito es parte del presente: las obras de Platón o de Aristóteles figuran en los anaqueles al lado de las obras de Darwin o de Einstein, a la manera como las ruinas del foro romano son tan actuales, por lo menos en cuanto ruinas, como la cúpula de San Pedro.

Pero lo más importante es constatar que no existe *consensus omnium*, ni siquiera entre quienes estuvieran dispuestos a suscribir la idea de una filosofía crítica, acerca de las líneas doctrinales que habrían de serle asignadas. Unas veces se entenderá como filosofía crítica un espiritualismo onto-teológico «racional» (que considerará poseer la crítica no sólo de la mitología correspondiente, sino también del materialismo o del ateísmo, &c.); otras veces la filosofía crítica irá asociada al materialismo (que implica el ateísmo, &c.); otras, se entenderá como filosofía crítica el «humanismo hermenéutico»; y otras, se considerará que el único correlato doctrinal de la filosofía crítica es el agnosticismo o el escepticismo. *Es evidente que cada una de estas alternativas autodenominadas acaso críticas se enfrentan entre sí, y que el lugar que cada una de ellas pueda reclamar en la educación no tiene por qué ser análogo.*

El problema fundamental se nos plantea cuando advertimos que estas diversas autodenominadas «filosofías críticas» son incompatibles entre sí y, por consiguiente, que no es posible tratarlas a todas ellas como alternativas equivalentes de un género común, reconocemos que es necesario *tomar partido* por alguna (aun arriesgándose a ser descalificados por «dogmáticos»). Desde el partido asumido, eso sí, habrá que probar que subsiste la idea de la «filosofía crítica», en sus rasgos más característicos. Concediendo, desde luego, que la filosofía crítica procede del presente (de un ámbito en el que figurarán no sólo las ciencias positivas, sino también las instituciones políticas, lingüísticas o religiosas) y que debe volver incesantemente al presente, la cuestión es la de qué grado de trituración del presente puede exigírsele a una filosofía para que pueda ser considerada como crítica y no como una mera «ideología de reconciliación» con el presente, o de «condenación (apocalíptica o ética) del presente». Una filosofía crítica puede tener como punto de partida, sin duda, una situación de implantación en los principios de una ciencia en particular, incluso en los dogmas de una Iglesia o en los postulados de un partido político. Pero, ¿podrá seguir llamándose crítica a una filosofía que no llega a romper con sus «fuentes reveladas», autorreconocidas como suprarracionales? ¿O a la que permanece encerrada en el círculo de una categoría, o aprisionada bajo la autoridad de un partido político? ¿No cabe exigir, en particular, como cuestión de principio, a una filosofía crítica, que no acepte ningún principio que se automanifieste como una revelación sobrehumana?

(Lo que no implica que no puedan verse en determinados dogmas o principios autodesignados como suprarracionales o «intuitivos» los embriones de ideas racionales *in statu nascens*). Por nuestra parte así lo postulamos, y, sobre este punto, no cabe ulterior discusión (sino sólo un examen de las condiciones sociales, políticas o psicológicas que hacen posible el postulado). Cabría exigir a todo aquel que asuma la decisión de proceder según los principios de una filosofía crítica, en el sentido dicho, cualquiera que sea la orientación doctrinal que adopte, estar en condiciones de ofrecer desde su particular posición, las razones de las otras posiciones; con ello, por lo menos, recuperaríamos la unidad polémica entre los diferentes modos de entender la filosofía crítica. Pero esta recuperación sería meramente formal si no se aceptase nuestro postulado.

La principal objeción con la que se enfrenta una filosofía crítica, como acabamos de decir, es el relativismo cultural, en alza en nuestros días. Pues lo que llamamos «nuestro presente» es un presente plural, en el que diversas culturas compiten entre sí. Desde el punto de vista del relativismo cultural se podrá objetar siempre a una «filosofía inmersa» sus pretensiones como «filosofía crítica», cuando en rigor lo que ella estaría haciendo es representar simplemente la concepción del mundo de la cultura propia de la sociedad europea, en tanto se encuentra en el «área de difusión griega», como hemos dicho. Ahora bien, nos parece que este argumento, de ser aceptado, nos obligaría a asumir como consecuencia inmediata la tarea de transformar a la filosofía en antropología cultural.

Pero la respuesta posible al argumento del relativismo cultural no puede ser *formal*; sólo puede venir de la consideración misma (partidista) de la *materia* de la filosofía crítica que se considere inmersa en el presente. Si en la materia de este presente se encuentran contenidos «universales», es decir, no circunscribibles a una cultura o a una sociedad determinada, sino transcendentales (en sentido positivo) a todas ellas, entonces la filosofía, a la vez que inmersa en una cultura que «toma partido» por tales contenidos, dejará de ser relativa a ella para poder presentarse, desde ella, como transcendental (y, en este sentido, como praetercultural).

¿Y qué materias pueden determinarse en nuestro presente capaces de ser consideradas como transcendentales a todas las culturas y sociedades? Hemos de referirnos, según lo dicho, a materias definidas en marcos racionales (las religiones ecuménicas pretenden también ser transcendentales, pero por motivos praeterracionales). Nos parece posible citar por lo menos dos «materias» de nuestro presente, muy heterogéneas, sin duda, pero sin las cuales la filosofía crítica quedaría vaciada de contenido capaz de resistir el empuje del relativismo cultural: las *ciencias positivas categoriales* y la *moral* y la *ética universales*. Una filosofía que esté inmersa en semejantes materiales (supuesto que se tome partido por ellos) tendrá que ser, por ello mismo, transcendental.

Y esta fuente de la transcendentalidad que atribuimos a la filosofía crítica constituye al mismo tiempo un criterio para discernir qué doctrinas filosóficas, históricamente dadas, deben ser consideradas hoy como meramente arqueológicas, a pesar de que, desde el punto de vista histórico, se les confiera una importancia todavía mayor, si cabe, que a otras doctrinas de actualidad. Aduciré de nuevo ejemplos anteriores, al objeto de ilustrar en concreto este punto fundamental: de la idea del filósofo autodidacto de Abentofail, así como de la idea del hombre volante de Avicena o de la idea del *cogito* cartesiano, cabría decir que no son contenidos asimilables por una filosofía crítica, en la medida en que se oponen a los resultados de las ciencias fisiológicas y etológicas; en otro orden de cosas, sería también inadecuado el ofrecer una exposición de las paradojas de Zenón de Elea en los términos en que ellas pudieron ser expuestas antes del descubrimiento del cálculo infinitesimal. Según esto, un profesor de filosofía (no digo de filología) que se mantenga, en sus explicaciones, en el nivel de los textos clásicos, quedará en ridículo ante un estudiante de bachillerato capaz de resolver los problemas con un par de sencillas ecuaciones diferenciales. Como último ejemplo práctico: ningún profesor de filosofía podría exponer hoy a los estudiantes el célebre problema de la «prioridad del huevo o de la gallina», como podía exponerse en la época anterior a la teoría de la evolución (una costumbre muy extendida inclina a los profesores de la llamada «filosofía natural» a convertir su curso en una exposición histórico-filológica de los pensamientos de Aristóteles o Santo Tomás sobre el tiempo o el espacio, llegando en los casos más vanguardistas, a Ockam o a Kant). Por razones similares eliminaríamos también de la filosofía crítica un género literario en alza que se aplica a exponer en forma sapiencial textos de los presocráticos o de los místicos, musulmanes o alemanes (por no hablar de textos de Nietzsche o de Heidegger), descontextualizados por completo de nuestro presente universal e invocados como si fuesen fuentes de una sabiduría arcana y eterna.

IV. *«Educación»*

La educación, como la alimentación, es un proceso distributivo, referido a individuos orgánicos y no a colectivos atributivos (como pueda ser el caso de la legislación de instituciones públicas, del cálculo del peso del pasaje de un avión o de la fuerza de choque de un regimiento). Otra cosa es que la educación, aun recayendo sobre cada individuo, en singular («personalizado»), sea educación arquetípica, nomotética, mejor o peor ajustada a cada caso. Pero incluso cuando la educación sólo pueda impartirse en grupo (como es el caso de la educación del danzante en un cuerpo de baile o del entrenamiento del estudiante en una disputa dialéctica), seguirá siendo un proceso individual, pues es cada individuo quien debe ser moldeado, aunque sea en codeterminación con otros del grupo. En todo caso, daremos como axiomático el principio de la necesidad de la educación (o del aprendizaje) de los individuos que van a convivir en una sociedad dada; la educación, o procesos análogos, tiene lugar ya en los primates, y es universalmente admitido que los hombres sólo a través del aprendizaje alcanzan su condición humana (por ejemplo, a través del lenguaje). La posibilidad de un desarrollo espontáneo del individuo humano, que ni siquiera fue tomada en serio por Rousseau al proyectar su *Emilio*, es una mera fantasía, cuyo límite absurdo había sido ya alcanzado en la novela apologética de Abentofail a la que acabamos de referirnos, *El filósofo autodidacto*.

De estos principios cabe derivar algunas consecuencias que, sin embargo, no suelen ser tenidas en cuenta por quienes aceptan aquellos principios. Por ejemplo, que la filosofía (cuando sea considerada como una característica humana) no puede entenderse como una reacción espontánea o natural de los hombres («por naturaleza el hombre tiene la curiosidad de saber»), puesto que esta «curiosidad» por saber no es por sí misma filosófica, como tampoco lo son las preguntas infantiles, ni lo era la curiosidad que pudiera experimentar el australopiteco cuando salía de su cubículo. Esto nos llevaría también a ponernos en guardia ante la definición etimológica de la filosofía como «amor al saber», salvo que se sobreentienda, con petición de principio, este saber como un saber filosófico.

La filosofía es un producto muy tardío e implica despliegues evolutivos muy avanzados en técnicas, instituciones sociales, incluso en ciencias (concretamente, en la geometría); lo que equivale a suponer que la filosofía no es una actividad espontánea, atribuible al hombre en sentido indeterminado, sino que ella implica, por de pronto, una educación previa del «género humano». Otra cosa es si, además de este lugar previo a la filosofía que atribuimos a la educación en general, podemos también atribuir a la propia filosofía un lugar en la educación, y a la educación un lugar en el propio desarrollo de la filosofía.

Las distinciones esenciales que, en torno a la educación, es preciso tener en cuenta para el planteamiento de nuestros problemas, tienen que ver, por ello, fundamentalmente, con la dirección y sentido del «moldeamiento» que la educación imprime a los individuos. Pues parece evidente que aunque la educación sea un proceso que, considerado «escalarmente» (diríamos), tiene como punto de aplicación el individuo, considerado «vectorialmente», sin embargo, puede estar orientado a muy diversos objetivos, así como también puede ejercerse según modos de intervención muy distintos. Clasificaremos unos y otros siguiendo las líneas generales más imprescindibles.

(A) En cuanto a lo primero (los objetivos), una distinción muy útil, inspirada en la *Declaración de Derechos del Hombre y del Ciudadano* de 1789, pese a la oscuridad de sus fundamentos, será la que oponga la *educación del hombre* y la *educación del ciudadano*. Oposición significativa si tenemos en cuenta que los objetivos y los contenidos de estas dos clases de educación pueden estar enfrentados diametralmente, es decir, si tenemos en cuenta que la educación del hombre y la del ciudadano no tienen por qué ser armónicamente complementarias. La educación del Hombre, en efecto, parece dirigirse al individuo en cuanto figura universal y común a toda la humanidad, por tanto, en cuanto sujeto de los *derechos humanos* (y de los deberes éticos), es decir, en cuanto abstrae las determinaciones de raza, idioma, religión, sexo, &c. Se interpretará esta «educación del hombre» como orientada a formar individuos universales, libres, cosmopolitas, pacíficos, buenos y justos, &c. Incluso se presupondrá que la educación del hombre ha de constituir la base general de toda educación particular.

Este supuesto, tan claro en apariencia, se oscurece en cuanto se advierte que ese hombre, sujeto de derechos humanos y de deberes éticos, no es una realidad previa a la raza, al lenguaje, a la religión y a la clase social a la que pertenezca; porque si al hombre le despojamos de todas estas determinaciones se reducirá a la nada. Lo que significa que, en cualquier caso, habrá que comenzar considerando a los individuos acompañados de las determinaciones que pretenden ser abstraídas, suponiendo, en flagrante petición de principio, que tan diversas determinaciones son compatibles entre sí. Pero unas determinaciones excluyen a otras y, sin embargo, sólo es posible educar al individuo a partir del medio social determinado frente a otros, en el que vive, un medio que podemos simbolizar por «la ciudad». Es imposible por tanto planear una educación del hombre al margen de su educación como ciudadano, es decir, como individuo que forma parte de una totalidad atributiva dotada de normas morales y políticas propias, de instituciones características (de lenguaje, estructura social, religión, &c.). Para que la educación del hombre sea posible, es necesario, sin duda, que el individuo esté dotado de lenguaje articulado, posea un sistema de movimientos pautados, es decir, esté dotado de todo el conjunto de patrones culturales que lo hacen precisamente miembro de un grupo social (familia, banda, polis, iglesia) y no de otros. Es cierto que estos patrones podrán considerarse como universales; pero no por ello son conexos. Por tanto, la unidad de los hombres, en función de esos patrones de relación, tendrá que ser vista antes como fuente de disociación que como fuente de cohesión: la unidad separa tanto o más que une. Hay, por tanto, fundamentos para pensar que es un proyecto absurdo y contradictorio el de una educación del hombre concebida en términos absolutos. Todos los hombres hablan un lenguaje articulado, pero esta condición no los une, sino que los separa. ¿La educación del hombre tendría que consistir en permitirle hablar todos los lenguajes existentes –empresa absurda–? Pero si se le educa en un lenguaje existente (el lenguaje de su ciudad, o de su nación) prevalecerá su educación como ciudadano o, a lo sumo, como ciudadano de una unidad internacional, la europea, pongamos por caso. ¿Habrá que educar al hombre, como tal, en un lenguaje no existente, como pensó Marr? Alternativa todavía más utópica, si cabe, que las anteriores. Y otro tanto diremos de las religiones, de las formas de familia, de los sistemas políticos y de otras muchas instituciones artísticas, culturales o jurídicas.

{El grandioso proyecto de una «educación del hombre y del ciudadano» puede ser analizado además desde un punto de vista diferente, pero ineludible, porque constituye un punto de vista abstracto o genérico cuando lo consideramos desde categorías histórico-culturales, y concreto considerado desde categorías biológicas y demográficas: el punto de vista de las curvas logísticas de crecimiento de la población humana en general y de la población urbanizada, en particular. Estas curvas de desarrollo nos obligan a una visión del *presente*, en la que en todo caso ha de tener lugar la educación, muy diferente de la visión que de él nos darían algunos engelsianos que consideran a la reproducción de los hombres como un procesos susceptible de ser interpretado desde la idea de producción (puesto que la reproducción debe ser limitada, destruida, recurriendo incluso al «infanticidio de las hembras»); y mucho más diferente desde la visión que pretenden darnos quienes utilizan el concepto de época postmoderna, en cuanto época del pensamiento fragmentario, época de la variedad, de la liquidación de los grandes relatos, tales como el «relato de un género humano unido». Porque la observación de las curvas demográficas demuestra, entre otras cosas, que la humanidad (el género humano) constituye hoy una unidad compacta en la que todas sus partes están interdependientes, aunque sea bajo la forma del conflicto; una unidad que es pensada (desde la FAO, desde la OMS, desde los Estados Universales, incluso desde las multinacionales) como una totalidad «atributiva». Ocurre simplemente que la unidad de este género humano totalizado no es la unidad armónica de una comunidad, sino la de una sociedad universal organizada sobre la base de la explotación de unos hombres o de unos pueblos por otros. Un conjunto de seis mil millones de hombres con «derechos humanos» universales pero incompatibles entre sí en cuanto a sus contenidos (¿no entra dentro de los derechos humanos el derecho del botocudo a mantener su disco labial? ¿no está contenido entre los derechos humanos el derecho de los pueblos amazónicos o de ciertas comunidades musulmanas a mantener su propia identidad?). Un conjunto de seis mil millones de hombres dotados de derechos humanos pero incompatibles, ya desde el punto de vista biológico, con la posibilidad, no sólo en la ciudad, sino en el Estado, de ejercer su derecho a tener hijos. Ahora bien, la educación de los hombres dentro de los postulados del control de la natalidad, entra a su vez en conflicto frontal con la educación de los ciudadanos dentro de esos postulados, porque el crecimiento demográfico es la única arma que poseen muchos pueblos (muchos ciudadanos) para poder resistir, en su identidad, frente al acoso al que les someten los ciudadanos de otras ciudades, Estados o Naciones.}

Por ello, el proyecto de una «educación del ciudadano», en sentido amplio, se resuelve en realidad en un conjunto de proyectos constituido por sistemas de objetivos distintos y contradictorios. Sabiendo que ningún individuo, al margen de la educación, puede llegar a ser espontáneamente francés o alemán, catalán o gallego, católico o protestante, ¿deberá prevalecer la educación del ciudadano como español, como catalán o como europeo? ¿pensaremos en la educación del individuo como ciudadano de la ciudad comunista, o bien en la educación del ciudadano de la ciudad democrático burguesa, con economía de mercado y abundante repertorio de videos para el tiempo de ocio? ¿educaremos al individuo como ciudadano de la «Ciudad de Dios» (católica, calvinista o musulmana) o como ciudadano de la «Ciudad terrestre»? ¿educación del individuo como ciudadano o miembro de la cultura occidental, o bien como miembro de la cultura china, hindú o acaso, como muchos antropólogos o misioneros propugnan, como individuo de la tribu amazónica de los yanomamos? Todas estas preguntas llevan a un grado casi insuperable de dificultad el problema del lugar que pueda corresponder a la filosofía en la educación.

{En cualquier caso conviene salir al paso, en este punto, del uso ideológico, muy frecuente entre profesores de filosofía, que suele darse a la teoría de la conexión entre la «ciudad» y la filosofía. No se trata de poner en duda una tal conexión: la crítica va dirigida a las exposiciones de esta cuestión llevadas a cabo mediante el procedimiento de «poner entre paréntesis» ciertas determinaciones de las cuales la teoría de referencia no debiera desentenderse, principalmente las que tienen que ver con la guerra y con la violencia. Quienes subrayan el carácter cívico (o ciudadano) de la filosofía suelen hacerlo sobreentendiendo una ciudad metafísica que engloba a las ciudades de todos los tiempos, una ciudad intemporal, concebida *ad hoc* para ser convertida en el ámbito democrático de una convivencia dialogante en la que sea posible una «ética del discurso racional» en un ambiente de tolerancia, de amistad, de buenas maneras, de urbanidad y de paz perpetua. Precisamente (se presupone) la filosofía, como proceso incorporado a la educación ética y racional de los hombres, habría nacido en este ámbito ciudadano, y sólo en este ámbito podría seguir viviendo. La misión que, según este modo de ver las cosas, cabría asignar a los profesores de filosofía en cuanto educadores de los hombres que actúan «en la ciudad» –en la democracia, se sobreentiende– sería la de colaborar a esta convivencia pacífica universal mediante el ejercicio del diálogo racional y tolerante, respetuoso con cualquier tipo de opinión, y orientado a formar el «juicio libre» de los ciudadanos, pero sin dogmatismo alguno, sobre las cuestiones consideradas fundamentales que se suscitan necesariamente desde la ciudad y en la ciudad.

Ahora bien, el efecto principal de semejante ideología de la tolerancia –que es una ideología propia de las clases privilegiadas, incluyendo en ellas a la masa creciente de trabajadores convertidos en rentistas a raíz de su prejubilación o jubilación– no es otro sino el de desplazar las ideas de racionalidad y de dialéctica hacia el «reino de los discursos» que pueden tener lugar en la ciudad metafísica. Se procede así como si fuera posible establecer una disociación entre el reino de los discursos (que es, sin duda, un mundo real) y un reino de las decisiones (industriales, políticas, militares, &c.). Supuesta esa disociación se asignará, desde luego, la racionalidad (y la filosofía) al reino de los discursos, un reino que comprenda, como provincias suyas, no sólo a los discursos de la escuela, sino también a los del Parlamento, a los discursos y debates de los periodistas y de las tertulias privadas o públicas en los medios. No es que la racionalidad (o la filosofía) se destierre con esto del mundo de las decisiones; lo que se supone es que los ciudadanos, «educados éticamente» en el proceso del discurso racional-universal, actuarán en consecuencia como sujetos preferirores racionales y tolerarán las inconsecuencias como males menores y pasajeros con los que será preciso contar. Se corresponde bastante bien esta situación ideal con la idea de libertad democrática en el sentido formal, objetivo, «postmoderno». Los ciudadanos habrán alcanzado su madurez política y su libertad democrática cuando puedan expresar públicamente sus opiniones, tolerando y respetando las opiniones ajenas, cuando puedan organizarse en partidos o en grupos para defender sus proyectos sometiéndolos al juego democrático y buscando la persuasión pacífica de los demás ciudadanos. Mientras tanto, la estructura de la ciudad seguirá su propio curso, obedeciendo a leyes casi naturales que rigen su realidad contradictoria: diferencias de clases sociales, de profesiones, de razas, relaciones de explotados y explotadores, de culturas privilegiadas y de culturas inferiores, de edades, de sexos, de religiones, de organizaciones terroristas y de actuaciones de la policía o del ejército. Instalados en el reino del discurso, la racionalidad y la filosofía habrán de conocer también, sin duda, las cosas del reino de las decisiones, pero sin bajar a la arena, porque esto sería salirse de las fronteras del propio reino racional. Actuarán, eso sí, sobre los ciudadanos, cuya educación tienen encomendada en parte muy importante, según los métodos de la actuación racional, entendiendo por tal la que utiliza el discurso de palabras y la persuasión. Obviamente el axioma filosófico que inspira este modo de ver las cosas es el axioma de la armonía profunda entre las sociedades y las culturas humanas, axioma que envuelve también la confianza en la racionalidad de los hombres y los pueblos, y en su capacidad para mantenerse mediante el diálogo y el consenso en la kantiana (y premarxista) «paz perpetua». Como si el consenso y las prácticas pacíficas sobrevenidas entre los hombres a la par de su desarrollo económico y social no hubiera sido el principio de la diferencia de clases y de la explotación de unos hombres por otros, así como de la diferenciación y contrastación entre las diferentes culturas.

Pero estos axiomas piden el principio, el principio de que la racionalidad deba circunscribirse al reino pacífico del discurso, como si la persuasión, en particular la persuasión sofística (la propaganda actuante cada vez más a través de los medios), no fuese el producto más refinado de la violencia y del engaño; como si la persuasión ética, es decir, la exhortación al comportamiento ético de los individuos, no actuase ella misma por la vía de la presión del grupo (de una presión moral), que es de donde brota la «fuerza de obligar» de las propias normas éticas. Los axiomas de referencia presuponen, en resolución, la posibilidad de disociar los discursos y las cosas que en ellos están implicadas, como si los discursos, las palabras y los pensamientos, no estuviesen ellos mismos entre las cosas, entre sus estructuras y procesos. Como si la «pacífica convivencia» implicada, con todo el calor dialéctico filosófico del aula o de la tertulia, fuese posible sin que el orden público de la ciudad se encargase de hacer guardar el silencio de los arrabales, de donde proceden los alimentos necesarios para mantener la energía de quienes debaten, acaso con pasión, en la paz de las escuelas y de las tertulias. De una ciudad que, además, forma parte de una sociedad política, si no es ella misma ya un Estado. Dicho de otro modo, la «ciudad» implica aparatos de control dispuestos a utilizar la violencia en cualquier momento. Si se condena a los terroristas que amenazan el orden de la ciudad o del Estado, no se les condenará por violentos, puesto que entonces habría que condenar también a la violencia de la policía o del ejército que los reprime, sino por el contenido de esa violencia. ¿No son los contenidos, más que la violencia misma, los que pueden llamarse racionales o irracionales? El objetivo de conseguir que algunos centenares de miles de ciudadanos ordenen su vida hablando la «lengua del paraíso», ¿puede considerarse como un contenido de una violencia racional? Según esto ni siquiera la guerra, o la revolución violenta, podrían ser trasladadas, como a su propia patria, al reino de lo irracional, o al reino de las sombras, en el que la filosofía no podría ya ver nada, ni siquiera a título de «lechuza de Minerva». Al menos, la ciudad de Platón y de Aristóteles, la ciudad en la que nació la filosofía, es una ciudad que se concibe como rodeada de bárbaros o de otras ciudades enemigas, y se concibe también preparada para la guerra. Se podría reescribir la historia de la filosofía (por no decir de la ciencia) desde la perspectiva del aforismo de Heráclito –la guerra es el origen de todas las cosas–, como una historia que está vinculada estrechamente con la guerra, en cuanto institución que aparece, en toda su plenitud, precisamente en la «civilización». «Civilización», en efecto, no dice «paz», salvo que esta paz se considere circunscrita al interior de la *civitas* (del Estado que ha pacificado las tribus en guerra hobessiana). Pero la «paz civilizada» ha sido, a su vez, el principio de las guerras históricas y, en concreto, de las guerras mundiales de nuestro siglo. Quien crea que el conceder a las guerras la condición de posibles episodios del «proceso racional» de la civilización equivale a una «apología de la guerra» es porque cree que la racionalidad sólo puede respirar en el reino de los pensamientos o de los discursos. Es porque mantiene una concepción idealista o espiritualista, no materialista, de la racionalidad. Sin duda, la crítica a la idea del Estado de justicia universal de todos los hombres por medio de la razón –al modo de Rawls o de Habermas–, resulta obligada para la filosofía crítica, aun cuando esta crítica pueda comprometer la teoría de la «democracia objetiva» en cuanto sistema definitivo «elegido racionalmente» por el pueblo, y pueda contribuir a poner en peligro la perpetuación indefinida del diálogo civilizado que transcurre plácida o animadamente en la «aldea global» o en las aulas, que tejen sus frases mientras la injusticia, la opresión, la miseria reina un poco más lejos. Pero (para decirlo con Engels) «el señor Dühring no sabe una palabra de que la violencia desempeña también otro papel en la historia, un papel revolucionario; de que, según la palabra de Marx, es la comadrona de toda vieja sociedad que anda grávida de otra nueva».}

(B) También es de la mayor importancia la consideración de los modos según los cuales la educación puede tener lugar. Nos atendremos aquí a dos distinciones comunes muy importantes (acaso las más importantes, desde un punto de vista práctico inmediato, en el asunto que nos ocupa): la distinción entre *educación difusa* (o no reglada, incluyendo en ésta a la que tiene lugar en el aprendizaje de la lengua materna) y *educación reglada*; y la distinción entre *educación universal* (respecto de la totalidad de los hombres o ciudadanos de referencia) y *educación particular* (de varones, de mujeres, de niños, de adultos, y especialmente la educación profesional).

Es evidente que el lugar que a la filosofía, en sus diversas determinaciones, pueda asignársele en la educación, no es unívoco en ningún caso, pues este lugar estará en función del tipo de educación al que nos refiramos. No será lo mismo el lugar de la filosofía en la educación de un arquitecto o de un médico europeo, que el lugar de la filosofía en la educación de un físico o de un sacerdote católico; no será lo mismo el lugar de la filosofía en la educación universal del ciudadano (respecto de una «ciudad», de un Estado determinado) que el lugar de la filosofía en la educación del hombre. Por nuestra parte, nos referiremos principalmente a la educación general del ciudadano, tomando a España, y a la comunidad de hispanohablantes (dada la intrincación entre filosofía crítica y lenguajes nacionales), como referencia principal.

Segunda parte
Discusión de los valores que en función de las acepciones de
los términos «filosofía» y «educación» toma el enunciado titular:
«El lugar de la filosofía en la educación»

Ateniéndonos al artificio del que venimos sirviéndonos (asignar al enunciado titular, en tanto que regido por el sintagma «lugar de», el oficio de una función de dos variables, «filosofía» y «educación») y después de establecer los «campos de variabilidad» de las variables consideradas independientes, procederemos ahora a tratar de determinar las líneas generales de los diferentes valores del enunciado. Tomaremos, según hemos dicho, como campo principal subordinante de las variables, al término «filosofía» y, a su través, iremos combinando sus valores con los valores alternativos que hemos podido distinguir en el término «educación».

I. *El lugar de la filosofía «dogmática» en la educación*

Entendemos por *filosofía dogmática* (escolástica) la filosofía sistemática que se autopresenta como una doctrina cuya estructura pretenda fundarse en principios axiomáticos e intemporales, *exentos* de las fluctuaciones del presente y aun del pretérito, sin que esto signifique (como hemos dicho) que una filosofía dogmática tenga que dejar de reconocer, cuanto a su génesis, su procedencia del presente y aun del pretérito (por ejemplo, de una revelación primitiva: *fides quaerens intelellectum*); ni tampoco que no pueda atribuirse un papel decisivo para la comprensión, dirección y organización del presente. La filosofía se autopresentará ahora como algo más que un amor al saber, puesto que la filosofía se reconocerá como un saber definitivo (lo que no quiere decir que se considere terminado, perfecto, absolutamente claro y que no admita desarrollos nuevos y aun escuelas diversas en la interpretación de muchos puntos de la doctrina).

Nos referiremos, para concretar la exposición, a las dos situaciones en las cuales más claramente la filosofía se ha autoconcebido de este modo (y con un reconocimiento suficiente como para poder «socializar» esta autoconcepción), a saber, la *filosofía tomista* desde la época medieval hasta hace pocos años (en la España del franquismo) y el *Diamat* (en las décadas de consolidación de la Unión Soviética). La influencia de esta autoconcepción de la filosofía va mucho más allá de los intervalos históricos en los que tuvo implantación práctica. Por ejemplo, está por analizar la influencia que la organización del cuerpo de profesores de filosofía en la época franquista, en función de una filosofía concebida al modo medieval, como antesala de la teología, sigue teniendo no solamente en la estructura sino en las pretensiones del cuerpo de profesores de Enseñanza Secundaria (habría que tener en cuenta que la presencia de la filosofía en los planes de estudios que ahora están en proceso de reforma alcanzó sus índices más altos en la época del «nacional-catolicismo»). *Mutatis mutandis* podríamos decir lo mismo del *Diamat*, como se denominó burocráticamente al materialismo dialéctico de cuño marxista estalinista, en tanto también transciende al desmoronamiento de la Unión Soviética, para hacerse presente en otros diversos Estados (en Cuba, por ejemplo, el debate sobre el lugar de la filosofía materialista dialéctica en la educación es, en estos momentos, paralelo al que vivimos en España).

El lugar que se asignará a la filosofía así concebida en la educación de los hombres es, sin duda, determinante (no es meramente integrante); será un lugar universal, y no sólo particular o profesional. Además será presentado como un saber obligatorio para todos los ciudadanos que se encuentren en la plenitud de sus derechos.

Sin embargo (y esto constituye una paradoja para quien se sitúe en la perspectiva de una doctrina, en sí misma considerada como soberana), la motivación por la cual se asigna a la filosofía este lugar determinante en la educación no se deriva propiamente de la misma autonomía o soberanía atribuida al sistema filosófico, sino de su papel *instrumental* respecto de otros saberes prácticos, considerados como subordinantes. Estos saberes prácticos se presentan *emic*, en un caso, como vinculados a la fe religiosa del cristianismo (*Philosophia ancilla Theologiae*), o bien, en el otro caso, a la conciencia social revolucionaria de la sociedad comunista. Sin embargo, desde el punto de vista *etic* de nuestras propias coordenadas, diríamos que el lugar privilegiado (determinante) que se atribuye en estos casos a la filosofía es indisociable de su carácter instrumental (si se quiere: ideológico) respecto de los sistemas políticos en los cuales está implantada: las teocracias (o hierocracias) de los Reinos de la cristiandad católica y los Estados del llamado «socialismo realmente existente».

Por consiguiente, la filosofía escolástica en la España de Franco no fue una filosofía «ociosa», como superficial y sorprendentemente pensaron algunos desde el marxismo (me refiero a Manuel Sacristán), sino «políticamente implantada». Los miembros de ese cuerpo de funcionarios debían ser rigurosamente seleccionados por tribunales estatales, que juzgaban sobre su grado de competencia y adhesión a una doctrina, uniforme en lo esencial, pero que, ya desde dentro, comenzaba a desmoronarse poco a poco, dada la necesidad, por lógica interna, de incorporar los nuevos contenidos procedentes del *presente*: la lógica simbólica, la teoría de la evolución, la antropología cultural, la historia de las religiones comparadas. Pero el cuerpo de profesores, dotado de una duración burocrática más larga que la doctrina para cuya administración estaba constituido, sigue reclamando, veinte años después, un lugar comparable al originario, sin poder ofrecer una contribución correspondiente. Salvo que considere que es un sustitutivo suficiente el ser instrumento de la *Constitución* democrática de 1978 {monarquía borbónica incluida} (*Philosophia ancilla Democratiae*) o salvo que acuda a argumentos ideológicos demasiado débiles («la supresión de la filosofía [¿de cuál?] pone en peligro la capacidad de pensar de los españoles»), en rigor, puramente gremiales.

II. *El lugar de la filosofía «histórica» en la educación*

¿Qué lugar puede asignársele en la educación a la filosofía, según su «cuerpo doctrinal histórico realmente existente», es decir, a la disciplina histórico-filológica que tiene como misión interpretar, analizar, comparar, &c. el conjunto, de límites sin duda borrosos, de cuyo núcleo forman parte indiscutible las obras de Platón y de Aristóteles, de Avicena o de Averroes, de Santo Tomas o de Francisco Suárez, de Leibniz o de Kant, de Hegel o de Comte, de Marx o de Spencer, de Bergson o de Husserl, de Russell o de Carnap, de Unamuno o de Ortega?

Advirtamos que este planteamiento de la cuestión del lugar de la filosofía en la educación nos permite mantenernos al margen de las dificultades, debates, &c., derivados de las diferencias entre filosofías idealistas o materialistas, o entre filosofía positivista o filosofía metafísica, puesto que todos ellos pertenecen al conjunto de referencia: un conjunto de materiales tan «positivos» como puedan serlo los materiales óseos que se acumulan en el campo del paleontólogo o del prehistoriador. La Historia de la filosofía no puede excluir a Fichte por idealista ni a Marx por materialista; ni puede excluir a Avicena por musulmán, ni a Santo Tomás por cristiano. Los incluye a todos aunque no sea fácil explicitar los motivos. Motivos que, en último caso, habrá que buscar, más que en el terreno de las semejanzas doctrinales o metodológicas, en el terreno de la concatenación, muchas veces polémica, entre esas obras que se citan las unas a las otras ya sea para apoyarse en ellas, ya sea para combatirlas o combatirse mutuamente.

Incluso quien se mantenga muy distanciado del «cuerpo histórico» de la filosofía (en nombre de una «filosofía rigurosa», como Husserl; o en nombre de una «filosofía del futuro», como Feuerbach), tendrá que reconocer que este cuerpo histórico, por borrosos que sean sus límites, constituye, sin perjuicio de su carácter pretérito, la «filosofía realmente existente» (por lo menos con existencia reconocida por consenso prácticamente universal). De hecho, la Historia de la filosofía habría comenzado, en la época moderna, a presentarse como sustituto

(¿sucedáneo?) de la filosofía escolástica, a medida que ésta iba perdiendo su hegemonía, sin un sucesor (cartesianismo, atomismo) definitivo. La mejor ilustración de lo que decimos nos la ofrece el *Schediasma historicum quo varia discutiuntur ad historiam tum philosophicam tum ecclesiasticam pertinentia*, de Jacobus Thomasius (Leipzig 1665): Thomasius cree que las investigaciones históricas pueden reemplazar con ventaja a los ejercicios escolásticos tradicionales.

Es evidente (constituye una suerte de tautología o de petición de principio) que la filosofía histórico-filológica «realmente existente» tiene un lugar *determinante* y *principal* en la educación profesional de los futuros especialistas (investigadores o profesores) de Historia de la filosofía. Para muchos (para muchos más de los que a primera vista pudiera parecer) puede ser un auténtico descubrimiento el caer en la cuenta de que el significado de expresiones tales como «estudiar filosofía», o bien, su resultado ordinario, «saber mucha filosofía», no es otro (ni puede serlo, sobre todo) que el de «estudiar filosofía realmente existente», es decir, estudiar «Historia de la filosofía» y llegar a saber «mucha doxografía filosófica» (incluyendo la doxografía del presente). En efecto, retirados estos contenidos, la expresión «estudiar filosofía» (interpretada como similar a «estudiar geometría») carece de significado, y es una simple hipostatización de la filosofía. Pues no cabe «estudiar filosofía», ni cabe «aprenderla»; menos aún cabe decir que alguien «tiene una gran vocación por la filosofía». Pero no ya porque sólo sea posible «filosofar» (en el sentido subjetivo psicológico –«cavilar», «pensar», «problematizar»– según el cual se interpreta de ordinario el aforismo de Kant), sino sencillamente porque es preciso decir que «la filosofía», en abstracto, no existe, como sustancia exenta (al menos si nos situamos en la tesis de una filosofía crítica). Por ello, nadie puede tener vocación por lo que no existe.

Su lugar propio, en la Universidad, está asegurado. De hecho no es posible citar una Universidad no subdesarrollada que no disponga de Secciones, de Departamentos y hasta de Facultades consagradas al estudio e investigación del «cuerpo histórico de la filosofía» y a la formación o educación profesional de los futuros profesores o investigadores. Sería muy importante analizar la razón por la cual a ningún profesor o investigador adscrito a un Departamento o a una Facultad de Filosofía se le exige la publicación de un sistema filosófico propio, ni tampoco la construcción de una doctrina específica; en cambio se le exigen publicaciones que tengan que ver con la filosofía «realmente existente» y, en el caso en que una tesis doctoral, pongamos por ejemplo, se ofrezca en una perspectiva no histórica, se presenten dificultades insuperables. No será necesario subrayar que justamente la situación opuesta tiene lugar en las Facultades de ciencias positivas. Consideradas así las cosas podríamos concluir que las Universidades, y sus secciones de filosofía en particular, no son, por paradójico que esto resulte, los recintos en los cuales pueda decirse que vive la filosofía crítica del presente, lo que nada quiere decir en detrimento de la importancia y significación de estas instituciones universitarias.

Podemos dejar de lado la evaluación de la importancia, peso relativo, &c. del lugar de la filosofía, así entendida, en el conjunto de los saberes universitarios. De hecho este peso suele medirse por la demanda social (número de alumnos, investigadores, tirada de revistas especializadas, &c.), pero teóricamente, aunque esta demanda llegase a valores muy bajos, próximos a cero, la Universidad reservaría siempre un lugar mínimo a la filosofía realmente existente (reconocida); un lugar de, por lo menos, una amplitud comparable a la del lugar que ocuparán en una Universidad no subdesarrollada los estudios del griego clásico o los del arte sasánida. No es un inconveniente, sino una ventaja, el carácter «endogámico» del lugar de referencia: un lugar en el que los investigadores y profesores de filosofía realmente existentes educan a futuros investigadores y profesores de filosofía formando tradiciones y escuelas de valor, a veces, incomparable. No se trataría de una situación diferente a la de la «endogamia» administrativa característica de las «comunidades científicas» consagradas al estudio del griego clásico o del arte sasánida.

También dejaremos de lado las cuestiones relativas a la justificación o función que, independientemente de la demanda social, pueda atribuirse a la asignación de un lugar en la Universidad para el cultivo de la filosofía realmente existente. Sin duda, las justificaciones pueden ser múltiples (en el contexto de otras disciplinas); pero no deja de ser paradójico que una de las justificaciones más importantes y, en ningún caso, desdeñable, deriva de otras fuentes que se relacionan precisamente con la «filosofía implantada» (no exenta) y con su educación. En efecto, lo más interesante (por no decir sorprendente) de esta filosofía estricta realmente existente es que ella ocupe *de hecho* (es decir, *factualmente*, aunque no lo ocupe *normativamente*) y, diremos por nuestra parte, como *sucedáneo*, un lugar importante en la educación (no nos referimos a los planes de educación de profesores, sino en la educación general de los ciudadanos a través de la institución del bachillerato y de las condiciones para formar parte de su cuerpo de profesores). En casi todos los planes de estudios del bachillerato europeo se reserva un lugar (a veces obligado, otras veces electivo) para la filosofía en esta su dimensión histórica, un lugar para la filosofía «realmente existente» (reconocida como tal).

Este lugar es, sin duda, por lo menos, el lugar propio de los contenidos *integrantes* de una educación general en un bachillerato superior, y tal lugar se justifica por motivos análogos por los cuales un plan de estudios atribuye un lugar universal y obligatorio, en la enseñanza primaria, a la educación de los niños en el arte de tocar la flauta. En efecto, Platón o Aristóteles son, por lo menos, *contenidos histórico culturales* del mismo rango que Fidias o Praxiteles (considerados sin discusión como contenidos de los programas de Bachillerato); y Leibniz o Hegel son contenidos culturalmente equiparables a Mozart o a Beethoven (que también forman parte de las referencias obligadas a la educación general de un ciudadano europeo).

Ahora bien, la situación más interesante la encontramos cuando advertimos que es la «filosofía realmente existente», la filosofía histórica de cuño académico: Platón, Aristóteles, Santo Tomás, Descartes, Kant..., la que está ocupando de hecho (como *sucedáneo*) el lugar que parece debiera normativamente corresponder a la filosofía crítica. Y esto no se aplica sólo a los cursos de Historia de la filosofía. También los cursos de filosofía «sistemática», aunque organizados formalmente por temas abstractos, recuperan muy pronto la perspectiva histórica, al ser expuestos sus contenidos desde el punto de vista histórico, como una rapsodia doxográfica, seleccionada por el autor del manual, por el Ministerio o por el profesor.

Los motivos de esta situación «anómala» no son fácilmente determinables. Acaso tenga parte en ella el hecho de que «el cuerpo de profesores de filosofía» de la Enseñanza Secundaria (al que venimos coordinando con la filosofía implantada en «la ciudad») ha sido educado o formado profesionalmente en Facultades en las cuales los planes de estudios parecían orientados a impartir la filosofía «realmente existente», considerando además como dogmatismo, adoctrinamiento o partidismo antidemocrático cualquier inclinación por un sistema filosófico determinado en detrimento de los otros. En efecto, en las Universidades, una vez rota la unidad del sistema escolástico desde el cual podía concebirse una *ratio studiorum* orientada a dividir administrativamente un cuerpo doctrinal en sus partes, se fueron organizando los estudios filosóficos a imagen y semejanza de la organización de los estudios científicos: «áreas de conocimiento», «especialidades», «filosofías centradas». En una palabra, el «lugar» para la filosofía a secas ha desaparecido, y ni siquiera existe hoy en España una cátedra de Filosofía, en general. Los propios materiales residuales de una filosofía «dogmática» se presentarán como filosofía histórica o doxográfica, acompañada a lo sumo de la adhesión subjetiva (a título de opinión personal irrelevante, o meramente anecdótica, del profesor). Con arreglo a estos principios se organizarán también los exámenes universitarios: a ningún estudiante se le exigirá la expresión de sus principios filosóficos, sino un conocimiento histórico o doxográfico de los principios filosóficos de una escuela determinada. Por consiguiente, cuando el profesor de filosofía, procedente de estas Facultades, se encuentre ante un público que está ocupando el lugar que, ambiguamente, es un lugar de información *integral*, pero que, a la vez, conserva siempre el aura de ser lugar *determinante* para llevar a cabo la formación del juicio del ciudadano en general, resultará que la misma filosofía doxográfica es la que tendrá que ser utilizada en el desempeño de las tareas de la filosofía. Cada cual elegirá, en nombre de la libertad de cátedra, la perspectiva que mas le cuadre, y que muchas veces no será otra sino la perspectiva etnológica, si mantiene los principios del relativismo cultural. {Está muy extendido el principio según el cual la enseñanza de la filosofía debe limitarse a proponer alternativas, sin tomar partido por ninguna, dejando al alumno «en libertad para elegir» la que más le cuadre: proponer alguna y defenderla ante los alumnos equivaldría a un «adoctrinamiento» que convertiría a la clase de filosofía en algo análogo a la clase de propaganda política o religiosa. Sin embargo, este principio es profundamente erróneo, salvo que se haya «tomado partido» por una filosofía escéptica, y en este caso, el principio es autocontradictorio. Pero es erróneo, porque las semejanzas del partidismo filosófico con el partidismo confesional o político no autorizan a ocultar sus diferencias. El partidismo filosófico sólo puede llevarse adelante en virtud de una argumentación racional y dialéctica que, por tanto, ha de tener a la vista constantemente los partidos opuestos al que defendamos como superior y más potente (en tanto que desde él puede darse cuenta de los demás, y no recíprocamente). El partidismo filosófico, por tanto, no significa la prohibición de exponer las posiciones alternativas, tal como son, sin desvirtuarlas, y aun profundizando en ellas; significa que una vez expuestas, comprendidas y defendidas, nos oponemos a ellas y las juzgamos; a veces (no siempre) el rechazo exigido por la argumentación puede ser tan terminante que no sea posible transigir o reconocer siquiera su plausibilidad. Sin duda, el partidismo en la clase de filosofía puede confundirse exteriormente (sobre todo, si el partido defendido es erróneo) con el partidismo político; pero la actitud neutral también puede confundir al alumno haciéndole creer que una exposición filosófica es equivalente a una sucesión de opiniones opuestas que se dan para elegir según el gusto del consumidor, como se elige entre el vino o la cerveza.}

III. *El lugar de la filosofía «adjetiva» en la educación*

Venimos refiriéndonos, con el rótulo de *filosofía adjetiva* o *genitiva* (inspirado en el sintagma «filosofía de»: «filosofía de la conservación de tomates» en la época de Mao Tse Tung, «filosofía de la ciudad hipodámica»,...), con el sentido de genitivo subjetivo, a la Idea de la filosofía entrañada por el propio ejercicio del término afectado, como sustrato de ese genitivo, a todas aquellas concepciones de la filosofía que se caracterizan por vincularla a las formas de experiencia, de acción, &c. de la vida cotidiana, o al menos del presente. Ahora, la filosofía se nos presentará como emanada de estas formas y, lo que es más significativo, sin necesidad intrínseca de segregarse o emanciparse de ellas. Circula ampliamente la idea de que en ciertas tecnologías o técnicas (pero no en todas) está ya prefigurada una filosofía: en la técnica de los espejos, se prefigura la idea de la conciencia especulativa; en la técnica de proyección de sombras, se prefiguraría la metáfora idealista del conocimiento; en la técnica de los tejidos estaría latiendo ya la idea del entramado entre los componentes de la realidad; en las monedas acuñadas se prefiguraría la teoría de las ideas de Platón y en el cincelado de la estatua, la teoría hilemórfica de Aristóteles. Cierto que en estos casos nos referimos a la filosofía no ya en el momento en el que actúa en el fabricante de espejos, en el acuñador de monedas o en el escultor, sino en el momento de la ampliación metafórica de cada una de estas diferentes formas de técnicas o de artes; sólo que esta ampliación está ya prefigurada por la propia técnica, que actuaría de sustrato.

Se comprende que estos sustratos, sin perjuicio de que deban reunir determinadas condiciones mínimas (por ejemplo, tendría poco sentido interpretar como sustrato de una filosofía al *Umwelt* de ciertas especies de primates), difícilmente pueden constituirse en contextos bien determinados. Algunos (incluyendo a Augusto Comte) interpretarán, como sustratos de la filosofía en el sentido dicho, a las religiones de la época teológica (*fides quaerens intellectum*); otros postularán como sustrato a las ciencias positivas, al hablar de la «filosofía espontánea» de los científicos. Acaso pudiera servirnos como criterio el concepto de «situación social y cultural del presente», es decir, un «estado del mundo» que, a partir de un cierto nivel de desarrollo tecnológico y científico, experimenta un proceso de confluencia con otras corrientes sociales o culturales que hacen posible la aparición de una actitud crítica (dentro de este estado del mundo, ocupará un puesto importante el desarrollo del lenguaje, jurídico, científico, técnico, &c.).

Las filosofías adjetivas se oponen, por tanto, principalmente, a toda forma de filosofía exenta, tanto a las de índole histórica, por arcaicas, como a las de índole escolástica, por ideológicas; pero también a cualquier forma de filosofía crítica (en el sentido en que la entendemos aquí, como filosofía crítica que defiende una sustancialidad, al menos actualística, para la filosofía).

La filosofía adjetiva tenderá a negar un lugar obligatorio determinado o institucionalizado que esté destinado a la filosofía. Esta actitud suele ser interpretada muchas veces como un «odio a la filosofía»; sin embargo no es siempre así. Por el contrario, esa negación puede estar alimentada precisamente, no por el deseo de dar muerte a la filosofía, sino por un deseo de vivificarla, deseo que podría probarse por el recurso, creciente en nuestros días, de considerar como filosofía a determinadas actitudes o estrategias prácticas propias de nuestro *presente* («filosofía de la empresa siderúrgica N***», «filosofía de los presupuestos estatales del año T***»). Hay una tendencia muy acusada entre los profesores de filosofía a mirar con recelo o con desprecio a estos usos del término filosofía, que considerarán ridículos o triviales (como si esos profesores tuvieran el monopolio de la administración de ese término). Pero las cosas pueden verse de otro modo, y eso sin necesidad de acogernos a las concepciones «populistas» del lenguaje, según las cuales el pueblo tiene el derecho de utilizar las palabras «según su voluntad». El interés por el análisis de la evolución del término «filosofía», así como las de otros términos de su rango (por ejemplo, «cultura»), en el lenguaje ordinario, puede verse también como un interés por un proceso tan objetivo como pueda serlo el interés suscitado por la evolución de una molécula en el proceso de su combinación con otras. El término «filosofía» desempeñaría aquí el papel de una «molécula lingüística» de significado borroso, que se va desplegando y determinando en su composición con otras «moléculas», acaso igualmente borrosas. Pero cuando las acepciones que toma el término «filosofía», en contextos relativos precisos, no tienen sustituto pleno con el cual puedan conmutar, entonces concluiremos que esa acepción expresa una idea nueva o característica, o al menos pretende hacerlo.

Es obvio que cuando la filosofía se entiende de tal modo entrañada con las propias prácticas cotidianas de los hombres que concurren en un presente determinado, la «reflexión» sobre sus estrategias, valores, &c., en cuanto alternativas de otras posibles, podría llegar a verse a sí misma como redundante, y como un pleonasmo el instituir una «filosofía sustantiva». Goethe expresaba muy bien este punto de vista cuando respondía a una pregunta de Eckermann (16 de febrero de 1827) sobre quien, en su opinión, era el mejor filósofo moderno: «Kant, sin la menor duda»; añadiendo, a modo de advertencia: «aunque no lo haya leído, ha influido en usted. Ahora ya no lo necesita, porque ya tiene lo que pudiera él darle.»

La filosofía genitiva, sin embargo, aun cuando abomine de toda «sustancia escolástica», no tendrá por qué oponerse, en principio, a la determinación de lugares institucionales en los cuales un cuerpo de profesores asuma la misión de estimular, animar o coordinar el ejercicio mismo de la filosofía cotidiana, que los propios alumnos deberían explicar a partir de sus experiencias. De hecho es el modo como entiende su oficio un número creciente de profesores de filosofía. Sin embargo, lo más lógico, es que la filosofía adjetiva busque lugares informales para una educación difusa: escenarios de rock (cuyas músicas y letras están plagadas de filosofemas), debates televisados, libros «destinados a Sofía», &c. En el siglo II después de Cristo, Apuleyo (*Asno de oro*, XI, 8) podía ofrecer el siguiente cuadro de la realidad a partir de su propia experiencia: «Había quien... con un manto, un bastón, unas sandalias de fibra vegetal y una barba de macho cabrío hacía de filósofo».

¿Cabría asociar a las filosofías adjetivas algún contexto social o político más o menos preciso (a la manera como hemos asociado a las filosofías escolásticas los contextos autoritarios o jerárquicos de las «organizaciones totalizadoras» tales como la Iglesia católica o el Estado soviético)? Seguramente son las democracias representativas los contextos más proporcionados a este modo de entender la filosofía. Al menos, las posiciones de Sócrates, frente a Protágoras, podrían interpretarse como fundadas en esta conexión. Porque lo que Sócrates reprocha a Protágoras (aunque irónicamente, es cierto, puesto que Sócrates actúa como crítico de la democracia ateniense), es que venga a Atenas a enseñar filosofía política a unos ciudadanos que, por serlo, ya deben tener un juicio formado, y no necesitan que nadie venga a enseñárselo (Protágoras aparece aquí, en cambio, como un ideólogo al servicio de la filosofía de cada ciudad [de cada Estado] que ha contratado sus servicios). El mismo proyecto marxista (y utópico) de la realización de la filosofía se inspira en estos fundamentos: una sociedad en la que la «clase universal» –constituida por ciudadanos que se supone han alcanzado una conciencia crítica comparable a la de Sócrates en Atenas– ha llegado a su límite, sería una sociedad en la cual la filosofía se ha realizado, y por tanto no tiene un lugar propio precisamente por su ubicuidad.

También podría considerarse como un modo característico de plasmarse esta filosofía genitiva, la concepción neopositivista y, en gran medida, la filosofía analítica, orientada a explicitar los usos de las palabras del lenguaje ordinario. El propio proyecto de un «Instituto interfacultativo», como lugar idóneo para la filosofía del futuro (una vez suprimida la «filosofía universitaria»), del que habló Manuel Sacristán y, a su modo, en aquellos años, Haveman, puede considerarse como una aplicación de la idea de una filosofía genitiva o adjetiva que toma como sustrato a las propias ciencias particulares.

IV. *El lugar de la filosofía «crítica» en la educación*

La idea de una filosofía crítica, en el sentido propuesto, considerada como una idea asociable a una denotación reconocida, si no universal, sí al menos suficiente para que podamos atribuir a esa idea un alcance que transcienda la mera subjetividad, debe tomarse, por lo menos, como una «posibilidad combinatoria» dentro del sistema de alternativas por el que venimos guiándonos. Se trata de la idea de una filosofía inmersa o implantada en el presente (no histórica, ni escolástica), de la misma manera que lo está la filosofía adjetiva (en esto confluye plenamente con ella, y aun podría asumir muchos de sus procedimientos, al menos en un plano propedéutico o pedagógico); pero que, sin embargo, acaso por no sentirse «reconciliada» con el presente del cual emana, pretendiera rebasar críticamente el escenario «empírico» y práctico de ese presente para, desde él, establecer un sistema mínimo de líneas doctrinales (y en esto se parece a la filosofía escolástica o académica). Sin embargo, la analogía de una filosofía crítico-sistemática con la filosofía dogmática o escolástica es sólo de naturaleza formal, más que de contenido, y la prueba es que el contenido de esa filosofía crítica podría ser, en su límite, el nihilismo. A la filosofía crítica de la que estamos hablando no podemos asignarle, en general, un contenido doctrinal preciso: en principio podría ser, como hemos dicho, idealista o materialista, podría ser aristocrática o democrática. Tendría, eso sí, según su definición combinatoria, que mantenerse en contacto con las ciencias positivas del presente. Sobre todo, esta filosofía crítica, según su propio concepto, no podría menos que proponerse, como objetivo inmediato, la trituración de los mitos oscurantistas que acompañan a las otras formas de filosofía. Las funciones catárticas de la filosofía crítica son, desde luego, imprescindibles. Y, por otra parte, y por ello mismo, la filosofía crítica no puede conformarse como una mera filosofía genitiva que trivializa las responsabilidades críticas en nombre de los derechos de opinión de los ciudadanos de determinadas democracias formales, puesto que estas democracias son compatibles con formas de conciencia mitológicas o fanáticas.

Una filosofía crítica parece que ha de reclamar un lugar muy importante en la educación de los hombres, más aún que en la educación de los ciudadanos. La importancia del lugar asignado, ¿pudiera hacerse equivalente a la universalidad o ubicuidad de ese lugar? Podría ejercitarse la filosofía crítica en los lugares más diversos, incluso podría llegar a considerarse conveniente suprimir la filosofía institucionalizada en la forma de un cuerpo de profesores de filosofía. Lo que sí es evidente es que una tal filosofía crítica debería tener una implantación social tal que su continuidad pudiera quedar asegurada en su desarrollo histórico. Sólo cuando esa filosofía crítica, en efecto, pueda considerarse implantada como formando un «órgano», entre otros, de una sociedad, podría decirse de ella que ocupa un lugar determinado, sin necesidad de ser ubicua o universal, o de no ser insustituible. Suele asignarse a los «Estados de cultura» de nuestros días la responsabilidad de sostener una Orquesta Sinfónica del Estado; el lugar de esta orquesta es determinante en la educación musical de la Nación, no ya porque todos sus ciudadanos hayan de asistir a los conciertos (de hecho ni siquiera un 2% tiene contacto asiduo con ellos), sino porque ella establece el nivel mínimo exigible.

Ahora bien, la filosofía crítica, ¿es algo concreto, aunque tenga límites borrosos, o es sólo algo así como «la ciencia que se busca»? Llegamos con esto al centro de la cuestión: ¿cómo será posible presentar siquiera la idea de una filosofía crítica sin ofrecer un modelo más o menos definido de esa idea, a la manera como pudimos presentar «modelos» de filosofía histórica, o escolástica, o genitiva?

La respuesta que, por mi parte, me atrevería a dar a esta cuestión decisiva es la siguiente: que la idea de una filosofía crítica es, ante todo, la idea de una posibilidad combinatoria de entender no ya tanto un sistema concreto cuanto cualquier sistema que pudiera asumir o haber asumido ese papel, al menos intencionalmente, dentro de ciertas características definibles (entre ellas su carácter dialéctico, es decir, el no presentarse como una doctrina axiomática que, procedente de principios revelados o empíricos, pretendiese desvelar «el fondo de la realidad» sin dignarse mirar a otras alternativas). De un modo más directo: más que decir que no existe una filosofía crítica, podríamos comenzar diciendo que existen varias filosofías que pretenden presentarse como tales, pero que dejarán de serlo (para convertirse en escolásticas) en el momento en que se ofrezcan como doctrinas absolutas, hipostasiadas. Una filosofía crítica tampoco es una alternativa que se presenta entre otras varias alternativas posibles, ofreciéndose en actitud «tolerante» al gusto del público, sino que es una alternativa *que se ofrece contra las otras*.

El problema fundamental, sin embargo, es el de la determinación de los contenidos doctrinales que debieran ser asociados necesariamente a una filosofía crítica, puesto que una filosofía crítica, entendida al margen de cualquier contenido doctrinal, es una filosofía vacía: es el «filosofar» erístico entendido en su más radical reducción psicológica. Porque la crítica sólo tiene sentido efectivo desde algún criterio más o menos definido, no es mero negativismo movido por un afán discutidor (llamado a veces polémico). Habrá una crítica materialista (desde el presente) a la filosofía teológica, pero también habrá una crítica ontoteológica (desde el presente) al materialismo. Habrá una crítica escéptica o agnóstica al materialismo y al espiritualismo.

Desde la perspectiva de este modo de entender la filosofía crítica se nos presenta como un gran error de planteamiento hablar, como es frecuente entre nosotros, de la crisis de «la filosofía», como determinada por el desarrollo de otras disciplinas humanas (sociológicas, históricas, psicológicas, antropológicas, periodísticas, políticas...) que habrían hecho patente su vacuidad y su inutilidad. Y es un gran error por cuanto sugiere, por una parte, que tales disciplinas tienen por sí mismas una sustantividad científica equiparable a la de la física o las matemáticas (olvidando los componentes ideológicos que las disciplinas llamadas humanas alientan por todos sus lados), y por otra, que «la filosofía» –sin decir cuál– es otra cosa, desde luego, pero que además no es inútil, sino necesaria en sí misma para la formación humanística de la juventud. Porque la gravedad del desplazamiento, en los planes de estudio, de las horas destinadas a filosofía por otras disciplinas que la sustituyen no la pondremos tanto en el debilitamiento de la presencia de la filosofía, incluso en su ausencia, sino en el supuesto de que la presencia de las disciplinas sustitutorias haya que entenderse como presencia autosuficiente de disciplinas justificadas por sí mismas, por la fuerza de sus propios contenidos, y no como presencia *sucedánea* (de la filosofía). Lo decisivo es tener en cuenta, por tanto, que la importancia de la crítica a la filosofía desde el punto de vista de las disciplinas particulares o tecnocráticas de referencia, no reside tanto en su momento de negación, sino en el momento de afirmación de esas otras disciplinas como autosuficientes. Porque ese momento de afirmación es el que las constituye en *sucedáneos* de la filosofía. Y es aquí en donde, a nuestro juicio, ha de apoyarse la reivindicación de la filosofía crítica, puesto que ahora su principal función crítica habría de comenzar a ejercerse precisamente en torno a esas mismas disciplinas del presente que sus cultivadores ofrecen como autosuficientes categorialmente.

Una tal reivindicación de la filosofía en el conjunto de la educación determina también los contenidos de la propia filosofía reivindicada. No podría ser una disciplina instituida para hablar, como «complemento» de la educación positiva, de Platón, de Kant o de Husserl, adornando con sus nombres, como si fuesen fetiches, carteles reivindicativos; ni, menos aún, una disciplina orientada a revelar el «otro mundo» del humanismo o del espíritu. Todos estos objetivos nos parecen metafísicos y vanos. La disciplina filosófica instituida, tal como la entendemos, no podría menos de apoyarse sobre las mismas disciplinas del presente, para lo cual será preciso tener con ellas el mayor contacto posible, a fin de regresar críticamente hacia las Ideas que atraviesan sus campos respectivos, preocupándose por seguir el sistema de esas mismas ideas. Sólo en esta marcha tendrá sentido acordarse de Platón o de Kant. Por lo tanto la cuestión práctica sigue siendo la misma: ¿existe un cuerpo de profesores preparado para ejercer esta filosofía crítica, apoyándose en el análisis y desarrollo de las propias disciplinas que son ofrecidas al público como sustitutos? y, si no existiera, ¿qué tendría que ver esa supuesta falta de preparación con el modo de reivindicar «la filosofía», a partir de una supuesta sabiduría que habla por la boca de un número indefinido de fetiches?

¿Tiene sentido entonces discutir sobre el lugar de la filosofía en la educación del hombre (o del ciudadano) si, aun entendiendo la filosofía como filosofía crítica no determinamos a qué líneas doctrinales filosóficas nos referimos? Los objetivos de una educación filosófica crítica en los principios de la ontoteología serán muy distintos de los objetivos de una educación filosófico crítica en los principios del materialismo; las alianzas con los poderes políticos, religiosos o sociales de los profesores de filosofía materialistas serán muy diferentes de las alianzas que puedan entablar los profesores de filosofía espiritualista, por la misma razón que la crítica filosófica del presente será también muy distinta (la actitud de un profesor espiritualista hermenéutico acerca de las iglesias o sectas religiosas «exóticas», ante una encíclica de Juan Pablo II procedente de Roma, o ante una encíclica de Gregorio XVI procedente del Palmar de Troya, será muy distinta de la actitud de un profesor materialista). ¿Se dirá que es suficiente, para fijar un lugar a la filosofía crítica en la educación, el contar con la unidad polémica entre las diversas alternativas que se combaten mutuamente, es decir, atribuir al profesor de filosofía la misión de ofrecer, a propósito de cada cuestión, dentro de un repertorio fijado por consenso, y cambiante, las principales alternativas? Pero, ¿es posible una tal exposición si quien expone no quiere «tomar partido» y, por ello, no quiere situarse en ninguna de ellas, al menos explícitamente? ¿Hasta donde puede llegar la crítica del presente, es decir, el ejercicio del «juicio filosófico» del ciudadano ante cuestiones tales como los milagros, los demonios, los extraterrestres, la telepatía, la droga, el espiritismo o instituciones que están muy arraigadas, y en creciente, en nuestra sociedad? Llegados a este punto es necesario hacer aquí preguntas tan concretas como la siguiente: ¿puede un testigo de Jehová, en nombre de la tolerancia ideológica que se inspira en la Declaración de Derechos Humanos, ser considerado como una alternativa más en el conjunto de las alternativas de una filosofía crítica? ¿Y un mormón, o un chiíta, o un católico romano exorcista? ¿Acaso en un gremio de profesores de filosofía que se acoge al principio de la tolerancia no pueden tener cabida todas estas «filosofías»? ¿De qué filosofía crítica estamos entonces hablando?

Si no es posible ponerse de acuerdo en torno a estos puntos concretos, que en número casi indefinido se suscitan en el presente, ¿cómo pretender fijar alguna respuesta práctica a la cuestión titular que no sea estrictamente gremial, es decir, que no argumente desde la defensa de un lugar para el gremio, cualquiera que sean las filosofías que él represente? De todo ello cabría deducir que no es posible plantear la cuestión del lugar de la filosofía en la educación (sobre todo reglada) considerando como accidental la composición que en cada momento o época tiene el gremio de profesores de filosofía. Y que según fuera la composición de ese gremio, acaso podría considerarse más efectiva una educación difusa de la filosofía crítica en la sociedad democrática, que una educación reglada a cargo del cuerpo de profesores de filosofía, lo que no implicaría necesariamente la supresión de este cuerpo de profesores, sino acaso su reconversión en un cuerpo de profesores de filosofía histórica.

Parece obligado, por último, para precisar el análisis de la concepción de la filosofía crítica como filosofía del presente práctico (en tanto este presente es indisociable del presente político), determinar en lo posible el alcance que podamos dar hoy, al tratar del lugar de la filosofía en la educación, a la idea de una implantación política de la filosofía y, en particular, de su implantación en el socialismo, tomado en su significado más general y filosófico. Es obvio que carecería de sentido cualquier pretensión de derivar (o «deducir») de la idea de una filosofía crítica su implantación en un tipo de socialismo determinado (socialdemócrata, nacionalsocialista o comunista), puesto que la inserción, incluso militante, en un determinado partido político, podrá ser a lo sumo un *terminus a quo* (como lo es la inserción en una iglesia, en una clase social, en una nación o en una lengua) y no un *terminus ad quem*; el ejercicio de una filosofía crítica podrá determinar, sin duda, el distanciamiento de un partido político o de una iglesia determinada, más que la integración en otro partido político o en otra iglesia, o incluso en otra lengua (la alemana según el Heidegger de Farías). Los motivos de la nueva integración no podrían ser llamados propiamente filosóficos, sin que por ello dejen *a priori* de tener una gran significación filosófica.

Las relaciones entre la filosofía y el socialismo, que para algunos serán sólo un modo determinado de establecerse las relaciones entre el conocimiento especulativo y el práctico, parecen, en cualquier caso, externas a nuestro asunto, puesto que cabe citar formas eminentes de filosofía no socialista (sino por ejemplo «feudal» o «burguesa»: Santo Tomás, Hegel), así como también formas de socialismo intrínsecamente antifilosófico (como pudieran serlo los socialismos fundamentalistas islámicos, por no decir cristianos). Sin embargo, estas posibilidades combinatorias no excluyen el significado de un nexo interno que tuviera lugar en ciertas modulaciones de la filosofía y del socialismo que son las que nos interesa determinar (por cuanto incluso, desde ellas, podría intentarse dar cuenta de las situaciones en las que la desconexión se nos muestra como evidente). Las relaciones entre los organismos y un nivel térmico determinado pueden parecer extrínsecas, puesto que hay organismos a 40°C y otros a 15°C. Sin embargo, cuando determinamos la especie de esos organismos, la relación de un orden o especie dados, por ejemplo, el orden de los primates y los 36°C, puede comenzar a ser interna.

Por lo que respecta a las modulaciones del término filosofía: es evidente que no podemos hablar de relaciones internas en abstracto, y lo mismo ocurre con el término socialismo. Tenemos que referirnos a especies o modulaciones de filosofía o de socialismo determinadas.

La primera modulación del término filosofía que indiscutiblemente mantiene una relación interna con el socialismo la encontramos en el terreno de la filosofía política; pues es evidente que una filosofía política que exponga las razones por las cuales la organización política de la humanidad tiende a ser una organización socialista (frente a las filosofías políticas alternativas) mantendrá una relación interna con el socialismo (aunque ya no es tan evidente si estas relaciones internas se establecen con un socialismo utópico o con un socialismo real). Sin duda, la elección de esta situación para explorar la posibilidad de una relación interna entre filosofía y socialismo tiene mucho de situación *ad hoc*, pero no por ello podemos subestimarla como si la modulación de la filosofía que conduce a ella pudiera ser tratada como una «cantidad despreciable» o como una excepción. Y ello aunque demos por supuesto que el papel de la filosofía crítica no consiste (por más que muchos profesores de filosofía adopten una actitud propia del Papa de Roma) tanto en «decirle al mundo por donde tiene que dirigirse», cuanto comprenderse intercalada en el proceso del mundo. De hecho, nada menos que el fundador de la filosofía (académica) fue el primer defensor, en *La República*, de la organización socialista *sui generis* del Estado. También es verdad que no podríamos decir que se trata allí de un socialismo de la igualdad, por cuanto la organización comunista que allí se propugna va referida a las clases superiores. Siglos más tarde, Feuerbach pretendió establecer una relación interna entre el «socialismo del amor» y la «filosofía materialista» del mundo. Marx, al introducir la cuestión de la «realización de la filosofía» en el socialismo (comunismo) nos proporciona mucho más que una modulación específica de la filosofía política (nada desdeñable, por cierto); una modulación en la que la relación interna de la filosofía con el socialismo sería indiscutible y se situaría en el terreno más genérico (es decir, no específico de la filosofía política) de las relaciones entre filosofía y socialismo.

Es en este terreno en el que nos movemos cuando hablamos de las relaciones entre la filosofía y el socialismo, sin mayores precisiones. Nos referimos entonces no ya a una modulación específica o material (integrante) de la filosofía (tal como «filosofía política»), sino a una modulación genérica o formal (determinante) suya. Una modulación que ya no se opondrá a otras modulaciones con las cuales pudiera coexistir (como coexiste una filosofía política con una filosofía física o con una filosofía religiosa), sino que se opondrá a otras modulaciones que lleven al límite mismo de la «verdadera filosofía» y la convierten en «falsa filosofía». Tal es el caso de lo que en otras ocasiones hemos llamado «gnosticismo», es decir, el caso de la autofundamentación de la filosofía como esfera autónoma y soberana que puede, por ejemplo, recogerse en un cogito absoluto (Descartes, Husserl), sin perjuicio de que ulteriormente se pretenda salir desde ese *cogito* al mundo exterior, de «volver a la caverna». La «autoconcepción gnóstica» de la filosofía la consideramos como el efecto más característico en la vida filosófica de una *falsa conciencia*; siempre que ese *cogito*, que se autopresenta como soberano y libre de todo prejuicio, pueda ser comprendido como un resultado de determinadas condiciones sociales. Sólo modificando tales condiciones será posible la liberación de esa falsa conciencia.

Desde el momento en que consideremos críticamente que la implantación gnóstica de la filosofía pueda hacerse equivalente a la «falsa filosofía», la tesis de la implantación política de la filosofía (y aquí «política» se toma en el sentido más amplio de la *polis*, que puede ser tanto ciudad terrena como ciudad de Dios, es decir, Iglesia) equivale al reconocimiento de una relación interna con un «socialismo» tomado, eso sí, no ya según sus estructuras económicas o administrativas determinadas, o según alguna forma concreta histórica suya (socialdemócrata, nacionalsocialista o comunista), sino en su estrato más genérico y no por ello menos importante. Sobre todo, según aquella forma por la cual el socialismo se opone, en primer lugar, a ese individualismo que va asociado a un cierto tipo clásico de racionalismo. Pues ahora «socialismo» significa precisamente la crítica a esa «conciencia individual racional», cuya sustancialidad tiene más de apariencia socialmente determinada que de realidad por sí misma. El primer texto de nuestra tradición en el que explícitamente podríamos advertir la acción de esta crítica de la conciencia individual es el texto platónico del pasaje denominado «prosopopeya de las leyes» del *Critón*. Si nos atenemos al Sócrates de este diálogo platónico, podríamos afirmar que solamente si cada uno de los ciudadanos de una sociedad actuase como un Sócrates (o como un «funcionario de la humanidad», en expresión de Husserl, un individuo dispuesto a aceptar la pena que la ciudad le impone), es posible una sociedad democrática. Esto dicho en el supuesto, eso sí, de que las leyes que salen al encuentro del individuo que huye, sean leyes propias de una democracia (porque las leyes que salieron al encuentro de Sócrates eran leyes de una sociedad esclavista).

¿En qué condiciones la relación interna entre la filosofía y el socialismo filosófico puede desarrollarse como relación interna entre la filosofía y el socialismo positivo (en su sentido económico político)?

El análisis de esta cuestión no puede dejar de lado el principio de la conexión más genérica: la que se establece entre el socialismo y la crítica a la conciencia gnóstica de la filosofía. El socialismo comienza a ser una de las maneras más genuinas, según esto, del desarrollo de la propia sabiduría filosófica, en tanto que sabiduría práctica (mundana y académica), si es verdad que es el «socialismo» el que señala los límites del propio ego como sustancia. Ahora bien, la conciencia gnóstica no se autodisuelve críticamente en una implantación social (política) de la filosofía, en general, puesto que las formas de esta implantación crítica son muy heterogéneas, y enfrentadas entre sí. La conciencia gnóstica, en efecto, no por autodisolverse a través de su implantación política podría considerarse como una conciencia liberada de toda «coacción» que la determinase desde fuera. Pues otras muchas formas de conciencia (procedentes de la realidad social, política e histórica) estarán envolviendo y moldeando ideológicamente a esos individuos «liberados de su propia intimidad». Nos reencontramos aquí con la cuestión de los *idola* (sobre todo de los *idola fori* y de los *idola theatri*).

Si introducimos el principio según el cual los mitos (dogmas religiosos, prejuicios, ideales políticos, &c.) que determinan el curso del pensamiento de los hombres –y, muy principalmente, las Ideas y las conexiones entre ellas, cuyo análisis corresponde a la filosofía– proceden de las formas sociales envolventes (clases sociales dominantes, iglesias, sectas, &c.) en las cuales están implantados, se comprenderá que una filosofía crítica no podrá ejercerse «por sí misma», puesto que su maduración depende de los cambios que se produzcan en el «estado del mundo» (era imposible, en la Edad Media, que un «racionalista» como Santo Tomás se liberase del «bloqueo» al que estaba sometido por la ideología eclesiástica-feudal). Dicho de otro modo, el «racionalismo moderno», el de la Ilustración, no podrá considerarse tanto como efecto de algunos señeros «filósofos críticos» que despertasen en la época moderna, porque también fue un efecto de la acción de los comerciantes, de los artesanos, navegantes, descubridores, conquistadores, artistas o herejes que abrieron el camino a aquellos ilustres filósofos (desde este punto de vista resulta ridículo el presentar, como es costumbre, a Descartes o a cualquier otra figura de filósofo de su elección como el «fundador del racionalismo moderno»).

Y, si esto fuera así, y dado que las situaciones en las cuales la «conciencia filosófico crítica» se presenta en formas muy diversas y que, hasta cierto punto, pueden graduarse de más a menos (en el siglo X la coacción de los ídolos «con monopolio» en una pequeña ciudad europea será mucho mayor que la coacción de ese mismo ídolo cuando entraba en confluencia con otros, perdiendo su situación de monopolio, en las ciudades de tamaño mucho mayor del siglo XVI), cabrá siempre desarrollar hasta su límite esta gradación, construyendo modelos «para después de la revolución» de una sociedad universal estacionaria socialista (modelo al cual pudieran haberse aproximado, intencionalmente al menos, algunas formas del socialismo realmente existente) en los cuales las conciencias de los hombres, libres de todo prejuicio, pudieran ya considerarse como conciencias que han «realizado» la filosofía crítica. Habrían desaparecido todos los obstáculos, y cualquier ciudadano (que no estuviese enfermo, desde el punto de vista psiquiátrico) habría llegado a ser un Sócrates en esa sociedad comunista; recíprocamente, sólo sería concebible esa sociedad comunista si cada uno de sus ciudadanos pudiese ser considerado como un Sócrates reproducido millones de veces, a partir, acaso, de un cuerpo de «filósofos funcionarios» a quienes se les encomendase la preservación y el desarrollo del saber filosófico.

Es evidente que semejante construcción de una «república de los filósofos», más que un modelo es un contramodelo, cuya presentación difícilmente podría hacerse sin arrastrar al menos una secreta carga irónica que no todo el mundo es capaz de percibir (me permito remitir a *Ensayos materialistas*, págs. 185-200). Y es un contramodelo por la naturaleza contradictoria o inconsistente del propio modelo-límite de referencia. En efecto, ese Sócrates que no está sometido a ningún mito con el que tenga que enfrentarse, a algún prejuicio que deba derrocar, no podría ser Sócrates. El mismo concepto de Sócrates funcionario es, aparte de ridículo, no sólo contingente, sino imposible en una sociedad de clases. En una sociedad socialista, en estado límite, Sócrates funcionario deja de ser contingente y se convierte en una pieza necesaria; pero no olvidemos que estamos construyendo un contramodelo; por lo que siendo ese Sócrates funcionario un concepto imposible, también lo será la sociedad socialista que debe contenerlo como necesario. Una sociedad sin clases, en la que los individuos fueran «educados» sin la menor determinación exterior, es una sociedad tan contradictoria, por su parte, como lo es la situación del *Emilio* de Rousseau. Porque educación dice siempre moldeamiento; un individuo libre no educado es una simple abstracción (ni siquiera sabría hablar). Al margen, por tanto, de los componentes utópicos (desde el punto de vista económico o político) de la idea de una sociedad comunista universal, habría que subrayar los componentes contradictorios de una sociedad universal capaz de educar a los individuos sin moldearlos (dejando que cada uno de ellos «sea el que es», como si alguien pudiera ser algo antes de ser moldeado). Es decir, de suerte que los individuos de la sociedad socialista-límite encuentren «disueltos» todos los problemas filosóficos (una situación análoga a la que construyó la filosofía lingüística al suponer «que si hubiera un lenguaje perfecto los problemas filosóficos desaparecerían»; porque un lenguaje perfecto –en el contexto– es tanto como un lenguaje único, sin diferencias categoriales, de la misma manera que una sociedad perfecta es una sociedad universal, sin diferencias de clases o de grupos, es decir, es un círculo cuadrado). Esta hipótesis es la que resulta absurda. Por ello, en cualquier caso, la «realización de la filosofía», en una situación semejante, equivaldría precisamente a la no filosofía. Equivalencia a la que llegamos según un procedimiento muy similar al que los teólogos establecen en la construcción de su idea de una sociedad celestial, la comunión de los santos, en la que sus miembros gozan de la visión beatífica, en la cual habrán de quedar disueltas todas las preguntas filosóficas y, desde luego, todas las científicas.

La conclusión más importante que cabe extraer de este contramodelo de una sociedad socialista que ha realizado la filosofía es bien clara: si Sócrates existe es porque se encuentra implantado en un medio heterogéneo en el que las determinaciones sociales y categoriales confluyen tumultuosamente, y porque, a la vez, se dan las condiciones precisas (sociales y psicológicas) para reaccionar en medio de esa tumultuosa confluencia. De este modo, aun en el supuesto de que el socialismo comunista universal no fuese utópico, tampoco podríamos apoyarnos en él, ni en su idea, para confiar en el logro del máximo grado posible de una filosofía crítica. Nuestro contramodelo sugiere, por tanto, la necesidad de una desconexión profunda entre socialismo positivo y filosofía, puesto que la conexión sólo tiene sentido en el plano de un socialismo filosófico, indeterminado en el terreno particular y determinable, a lo sumo, según las circunstancias históricas del momento y de la naturaleza de la filosofía que se mantenga (por ejemplo, materialista o idealista).

Final: *tesis propuesta sobre el lugar de la filosofía en la educación*

Si después de la exposición de las alternativas dialécticas que hemos podido llevar a efecto, con mejor o peor fortuna, de acuerdo con nuestro planteamiento inicial, volvemos la vista hacia el enunciado titular de la ponencia que nos ha sido encomendada, ¿que otra conclusión final práctica podríamos proponer si no es una conclusión deletérea del enunciado mismo? Pues este enunciado parece haber perdido después de nuestra exposición todo sentido general o global; y no porque no tenga sentido, sino porque tiene diferentes sentidos, que se nos presentan como incompatibles entre sí. Según las posiciones que cada cual haya adoptado ante la filosofía y la educación, así también (si nuestra exposición tiene algún fundamento) tendrá que tomar posiciones más o menos terminantes ante la cuestión del lugar de la filosofía en la educación. No cabría, por tanto, otra opción sino la de reconocer que existen posiciones encontradas, incompatibles e irreductibles; proponer cualquiera de ellas podría parecer que carece de interés práctico en una asamblea en la que podemos suponer que están representadas todas las alternativas, y nuestra propuesta no tendría más alcance que el de un manifiesto o petición de principio. ¿Habría, por tanto, además, que considerar ociosa o inútil nuestra exposición de alternativas, en la medida en que ella ofreciese una conclusión deletérea de alternativas semejante a esta: «lo que hay, hay»? No enteramente, porque al menos cabría atribuir a nuestra exposición una utilidad taxonómica que podría servir a todos, no ya para unirse, sino para enfrentarse conociendo mejor las líneas de fronteras del enemigo. Pero esto sólo significa algo si se toma ya un partido. Lo que carece de todo significado es tratar de alcanzar alguna definición sobre el lugar de la filosofía en la educación sin determinar de qué filosofía estamos hablando.

Nosotros tomamos partido, desde luego, por una filosofía crítica, pero este partido sigue siendo insuficiente, puesto que el concepto de filosofía crítica, tal como lo hemos expuesto, es demasiado indeterminado y podría ser reclamado por muy diversas filosofías, incluso por el mismo entendimiento de la filosofía como filosofar. El partidismo al que nos referimos no tiene, en todo caso, nada que ver con el dogmatismo, puesto que es un partidismo dialéctico, es decir, que implica el compromiso de entrar en polémica con otras alternativas posibles, para lo cual, desde luego, ese partidismo no podrá presentarse como el partidismo del mero «amor al saber», sino como un saber más o menos firme en torno a ideas muy definidas. Una filosofía que carezca de una doctrina firme, pongamos por caso, sobre la Libertad, sobre las Religiones, sobre la Cultura, sobre la Ciencia, sobre el Estado, sobre el Hombre, sobre la Pena de Muerte, sobre Dios, &c. no puede ser llamada *verdadera filosofía* (sin que con esto queramos decir que una filosofía que proponga doctrinas firmes sobre estos puntos u otros similares sea una *filosofía verdadera*[5]). En cualquier caso, el sistema de todas estas doctrinas particulares, pero concatenadas entre sí, se ofrecerá no en virtud de una supuesta interna luz absoluta sino, entre otras cosas, por su capacidad reductora de los otros sistemas alternativos y por su capacidad de incorporar el mayor número posible de contenidos del presente, con el cual habrá de tener contacto una y otra vez. Una filosofía crítica, asimismo, deberá estar dispuesta en cualquier momento a ceder posiciones ante otras alternativas que demuestren una potencia reductora mayor que la suya.

La misma concepción de esta ponencia no está llevada a cabo desde un conjunto cero de premisas, desde ninguna parte; está concebida desde las posiciones del llamado *materialismo filosófico* que, coherentemente, hacemos equivalente al racionalismo, lo que nos compromete, desde luego, a tener que reexponer y explicar desde sus coordenadas posiciones filosóficas alternativas (desde la filosofía analítica hasta la hermenéutica espiritualista, desde la ontoteología hasta la filosofía mecanicista). Y a quien nos reproche que esta toma de partido tiene mucho de dogmatismo habrá que responderle que si él no se determina a su vez por otro partido, lo único que podrá decir es que no puede decir nada, salvo mantener a su vez los principios de su propio sistema.

{Parece conveniente explicitar las líneas más generales de la concepción filosófica desde la que estamos propugnando la filosofía crítica. Y no con objeto, obviamente, de proponerla aquí como doctrina de elección (lo que sería absurdo sin acompañarla de sus pruebas), sino precisamente como el modo más directo de ofrecer al lector los marcos dentro de los cuales está concebida esta filosofía crítica que propugnamos. Estos marcos son los del *materialismo filosófico*. Dicho de otro modo: si tomamos partido por el materialismo filosófico es debido a que en él encontramos los resultados de la crítica filosófica más radical en el presente.

---

5 La distinción entre *verdadera filosofía* y *filosofía verdadera* tiene que ver con la que se establece, en álgebra, entre *verdaderas fórmulas* (las que cumplen las reglas sintácticas de construcción) y *falsas fórmulas*. Una verdadera fórmula puede ser una fórmula falsa: por ejemplo «3+5=9» es una verdadera fórmula, pero es falsa aritméticamente; «3+√=9» es una falsa fórmula, una pseudofórmula o un sinsentido (esta cuestión está ampliamente tratada en nuestro «Prólogo» a Manuel F. Lorenzo, *La última orilla, introducción a la filosofía de Schelling*, Pentalfa, Oviedo 1989, págs. 11-47).

Las líneas más importantes del materialismo filosófico, determinadas en función del *espacio antropológico* (en tanto este espacio abarca al «mundo íntegramente conceptualizado» de nuestro presente, al que nos venimos refiriendo) pueden trazarse siguiendo los tres ejes que organizan ese espacio, a saber, el *eje radial* (en torno al cual inscribimos todo tipo de entidades impersonales debidamente conceptualizadas), el *eje circular* (en el que disponemos principalmente a los sujetos humanos y a los instrumentos mediante los cuales estos sujetos se relacionan) y el *eje angular* (en el que figurarán los sujetos dotados de apetición y de conocimiento, pero que sin embargo no son humanos, aunque forman parte real del mundo del presente).

I. Considerado desde el eje radial el materialismo filosófico se nos presenta como un *materialismo cosmológico*, en tanto que él constituye la *crítica* (principalmente) a la visión del mundo en cuanto efecto contingente de un Dios creador que poseyera a su vez la providencia y el gobierno del mundo (el materialismo cósmico incluye también una concepción materialista de las ciencias categoriales, es decir, un *materialismo gnoseológico*).

II. Desde la perspectiva del eje circular, el materialismo filosófico se aproxima, hasta confundirse con él, con el *materialismo histórico*, al menos en la medida en que este materialismo constituye la *crítica* de todo idealismo histórico y de su intento de explicar la historia humana en función de una «conciencia autónoma» desde la cual estuviese planeándose el curso global de la humanidad.

III. Desde el punto de vista del eje angular, el materialismo filosófico toma la forma de un *materialismo religioso* que se enfrenta *críticamente* con el espiritualismo (que concibe a los dioses, a los espíritus, a las almas y a los númenes, en general, como incorpóreos), propugnando la naturaleza corpórea y real (no alucinatoria o mental) de los sujetos numinosos que han rodeado a los hombres durante milenios (el materialismo religioso identifica esos sujetos numinosos corpóreos con los animales, que desde el paleolítico están representados en las cavernas magdalenienses, por ejemplo, y se guía por el siguiente principio: «el hombre no hizo a los dioses a imagen y semejanza de los hombres, sino a imagen y semejanza de los animales»).

El materialismo filosófico incluye también la *crítica* a la identificación del espacio antropológico con la *omnitudo rerum*, y esta crítica abre el camino de regressus hacia la materia ontológico general.}

Desde un punto de vista práctico, referido como es obvio a la España de hoy, es decir, contando con un cuerpo de profesores de filosofía que está, por institución, orientado a la educación de toda la juventud española (bachillerato universal) sería conveniente comenzar concretando algunas consideraciones prácticas que afectan muy de cerca a la cuestión del *lugar* de una filosofía crítica en el proceso de esa educación. Por ejemplo, las dos siguientes:

(1) El cuerpo de profesores de filosofía no puede considerarse como un conjunto homogéneo: hay profesores cristianos, analíticos, agnósticos, materialistas, positivistas, indefinidos, &c. Desde el punto de vista filosófico, y puesto que estos profesores no sólo se ignoran muchas veces entre sí, sino que, siguiendo, por lo demás, una tradición propia, exótica en las «comunidades científicas», se desprecian y descalifican mutuamente hasta el punto de considerar al otro como un intruso en su mismo «gremio» (Platón veía a Protágoras como un sofista; Schopenhauer, Piaget o Popper verán a Hegel como una especie de orate, que hace logomaquias más que filosofía), habrá que decir que su unidad es sobre todo de índole burocrática. Como «saber profesional» compartido se puede atribuir a ese cuerpo un saber de tipo histórico y doxográfico (más filológico que filosófico).

La importancia de esta consideración reside, si no me equivoco, en que, a pesar de todo, podemos apoyarnos en el cuerpo de profesores de filosofía para desautorizar las tendencias de muchos profesores (acaso impresionados por la *diafonia ton doxon*) a prescindir de los contenidos de este saber profesional y dedicarse a enseñar psicología, antropología, lógica formal o divulgación científica. Estas decisiones pueden considerarse como un fraude profesional, incluso como un intrusismo en el campo de otras disciplinas regladas. {Bien está que el profesor de filosofía desempeñe, cuando sea necesario, el honroso papel de tapa-agujeros en un centro de enseñanza que carece transitoriamente de profesor competente de física o de prehistoria, ofreciendo a los alumnos nociones sobre paradojas relativistas o sobre la vida del *homo erectus*. Lo que no estaría ya bien es que confundiese la divulgación científica con la clase de filosofía, y peor aún, que indujese a sus alumnos a crear esta confusión.}

(2) Parece desmesurado, en esta situación, el proyecto de «educar filosóficamente a los jóvenes» en una orientación determinada (materialismo, idealismo, filosofía cristiana, &c.), y ello al margen

de que este proyecto fuese considerado peyorativamente como «adoctrinamiento ideológico». Lo cierto es que la «formación del juicio» –si se quiere, de la opinión– en torno a las Ideas que tienen una mayor presencia en nuestros días (pongamos por caso: Idea de «conciencia», Idea de «libertad», Idea de «democracia», Idea de «verdad», Idea de «Estado de derecho», Idea de «persona», Idea de «dialéctica», Idea de «bien», Idea de «mal», Idea de «ética», Idea de «finalidad», Idea de «poder», Idea de «materia», Idea de «vida»,...) es un proceso en el que la educación reglada interviene en una proporción muy pequeña: son las experiencias sociales, vitales y profesionales que cada uno tenga en el curso de su vida lo que irá conformando ese juicio, es decir, su «filosofía personal». Pero tampoco vemos mayores razones para subestimar la importancia de la educación reglada en filosofía hasta el punto de proponer su total abolición. Desde luego, nos parece ridículo atribuir a esa educación reglada la responsabilidad de «enseñar a pensar» a los ciudadanos, como han argumentado tantos profesores y estudiantes con ocasión de los debates en torno a los efectos de la LOGSE. Argumentos contraproducentes, como debería haber sabido todo aquel que hubiese estudiado el *Protágoras* de Platón (319b-d).

Sin embargo, tampoco pueden dejarse de lado los efectos que una educación reglada en filosofía, aunque fuera meramente histórica, podría tener en los ciudadanos. Efectos que (supuesto que no sean contraproducentes, lo que sin duda ya es mucho suponer) pueden compararse, por lo menos, a los efectos que puede tener la educación musical orientada no sólo a ofrecer a los ciudadanos la posibilidad de distinguir un fagot de un violoncello, o una sonata y una sinfonía, sino también a «formar el gusto» o, por lo menos, a instaurar la conciencia de que la música no es una secreción espontánea, de que la formación del gusto musical exige una disciplina crítica y que hay muchos niveles y muchas clases de música. Así también, para la vida democrática (como para la aristocrática) no es lo mismo que alguien, sea el honrado comerciante que interviene en una tertulia radiofónica, sea un afamado científico, conozca las cinco vías tomistas y sus refutaciones kantianas a que improvise, siguiendo los dictados de su sentido común (sentido común que, por lo demás, será un reflejo de la ideología dominante recibida a través de la televisión o de la radio), expresando sus opiniones sobre la existencia de Dios. Una sociedad, tanto si es aristocrática como si es democrática, se diferencia de otra, entre otras cosas, según la proporción de ciudadanos que están al tanto, con un grado de información doxográfica suficiente, de las alternativas posibles que se abren a propósito de cada cuestión disputada, y según la proporción de ciudadanos (¿un 5%? ¿un 50%?) capaces de argumentar sus juicios sobre ideas comunes incorporando los argumentos de los rivales. Ni la democracia, ni tampoco la aristocracia, temblarían porque sus políticos o sus electores o súbditos no sepan distinguir un silogismo de un sorites (con tal que razonen correctamente, si ello fuera posible); lo que ocurrirá es que el nivel de esa democracia, o el de esa aristocracia, sería distinto. Ahora bien, la ignorancia es, por de pronto, un síntoma de su debilidad; y los ciudadanos o los políticos ignorantes, en el momento de formar su propio juicio, de discutir en la asamblea o incluso de pronunciar el discurso de la corona, sobre el alcance de las ideas que se manejan, estarán muy por debajo de otros ciudadanos o políticos que dispongan de recursos conceptuales más potentes (aun cuando esta mayor potencia sólo pueda a veces medirse en relación con terceras sociedades; dentro de una misma sociedad, cuyos ciudadanos y su clase política permanezcan en un nivel muy bajo, la potencia de los mejores argumentos se embotaría, como el sonido del timbre se apaga en el interior de una cámara de vacío). En este sentido, a la pregunta tantas veces reiterada: ¿para qué sirve la filosofía?, cabría responder: para que, por lo menos, en la plaza pública de hoy (las tertulias radiofónicas o los debates televisados), el carpintero, el herrero, el zapatero, el periodista, el político o el ama de casa que defiende una opinión sobre la libertad, el aborto o la objeción de conciencia, no haga el ridículo (aun cuando es muy difícil determinar ante quién podría hacerlo) presentando como propias tesis que forman parte de un sistema que ellos desconocen, o como si fueran descubrimientos o convicciones personales unos determinados lugares comunes de cuyo alcance no pueden tener siquiera noticia.

También la filosofía académica (de tradición platónica) hace acto de presencia en la plaza pública, a través de la prensa, de la radio y, sobre todo, de la televisión. No serán, en todo caso, los profesores universitarios, actuando de puertas adentro, quienes puedan hoy, aunque quisieran, reclamar un lugar característico, puesto que su presencia en la plaza pública no tiene como misión informar doxográficamente de las opiniones que Aristóteles, Kant o Husserl pudieran mantener sobre los temas del debate en curso. Quienes debaten en la plaza pública han de basarse en el análisis del presente y no en las autoridades sapienciales de ciertos «textos sagrados», y el regreso a los debates pretéritos sólo tiene sentido (y en este caso su sentido es además necesario) cuando permite un planteamiento sistemático que ejerza el papel de una «crítica del presente». Es ridículo apelar a textos de Hegel o de Marx para «explicar», por ejemplo, el desmoronamiento de la Unión Soviética, como es ridículo apelar a Montesquieu para «explicar» las contradicciones entre el Tribunal Constitucional y el Ministerio del Interior. Es también por completo inadecuado entender las intervenciones de los filósofos o profesores de filosofía ante el público como si se tratase de intervenciones similares a las que se llevan a efecto desde una ciencia positiva, cuando un especialista es solicitado para informar al público del «estado de la cuestión». En filosofía no hay un «estado de la cuestión» que pueda ser referido a alguna autoridad internacional, puesto que sus únicos apoyos han de hacerse presentes en el debate mismo. Quizá por esto los escritores o los periodistas son quienes han ido ocupando ahora, a modo de sucedáneos, los lugares más importante en la formación de opiniones sobre asuntos estrictamente filosóficos.

Nuestra asamblea, que es gremial sin duda alguna, ¿en qué otros fundamentos podrá apoyarse si no es en su propia estructura gremial? Solamente en el supuesto de que la acción de este gremio fuera contraproducente para la educación filosófica cabría proponer estudiar los planes más pertinentes para su disolución no traumática o para la reconversión del gremio en su conjunto. Pero como tal supuesto puede parecer gratuito, lo más prudente será confiar en que los conflictos internos del gremio, reflejo de las luchas ideológicas, políticas y científicas de su entorno, representen la verdadera situación y la ocasión para que cada cual mida sus fuerzas.

Atengámonos al papel que a la filosofía académica pueda corresponder en el conjunto del saber que ha de atribuirse (como atmósfera imprescindible) a la sociedad política democrática para que esta pueda respirar en un aire que necesita estar purificándose incesantemente de miasmas ideológicos emanados de los mitos antiguos y modernos de toda índole (no sólo los teológicos –en tanto se vinculan con las creencias teocráticas relativas al origen divino de la autoridad–, sino también a los mitos cósmicos que, a través de complejos metabolismos, alimentan creencias sobre la naturaleza genial de los héroes políticos o sobre su condición carismática). Nos parece evidente que este papel ha de definirse, principalmente, en un plano atributivo, aquél en el que la sociedad política se considera como un todo, como un organismo que, por hipótesis, supondremos que no podría funcionar (o que funcionaría de otra manera, mejor o peor, ésta es otra cuestión) si se le priva de un órgano especializado, pero de transcendencia universal, como pueda serlo la filosofía académica, en su calidad de «tribunal supremo» de la razón humana. Un «tribunal supremo» a través del cual el «estado del mundo» determina críticamente los límites de sus contenidos sin necesidad, por ello, de arrogarse la pretensión de haber llegado a las «raíces» (como «saber radical»). Sería absurdo, desde luego, hipostasiar este «tribunal supremo» dándole la forma de una Academia soberana en la que los hombres más escogidos tuvieran la función de dictaminar sobre las «cuestiones últimas» que nos plantean los demás saberes. Y no porque esta «hipóstasis» fuese un acontecimiento sin par, inaudito que la filosofía hubiera propiciado. En realidad, equivaldría, tan sólo, a asignar a la Academia filosófica el papel que, en las ciencias especiales, corresponde a las Academias de Física, de Matemáticas o de Biología. ¿No desempeñan estas Academias, efectiva y reconocidamente (de hecho y de derecho), el papel de «tribunales supremos» del saber físico, o matemático o biológico de una sociedad política, incluso de una época, cuando alcanzan ese consenso universal (internacional) que implica la posesión de un lenguaje simbólico también internacional (como pueda serlo el lenguaje matemático o las terminologías científicas internacionales)? En las disciplinas científicas especiales no solamente hay, en efecto, tribunales supremos; también hay «vanguardias mundiales», características de cada época, grupos de científicos de los que, en cada momento, puede decirse que representan la «última marca» que los hombres han alcanzado en la especialidad de referencia.

Pero nada de esto puede aplicarse al caso del saber filosófico, a pesar de que constantemente los «filósofos universitarios» tienden a organizarse institucionalmente a la manera como se organizan «comunidades científicas». Parece como si estos «filósofos profesionales universitarios» entendieran la Universidad –o quizá ciertos Institutos estatales suprauniversitarios– como recintos capaces también de conservar y canalizar la formulación del último saber académico absoluto, o la «filosofía exacta» del momento (un saber susceptible de ser contrastado, por ejemplo, en congresos internacionales, organizados a imagen y semejanza de los congresos científicos especiales). Esta filosofía necesitaría también ser «divulgada», a la manera como se divulgan los saberes científicos; y, en esta divulgación (a través de los medios de comunicación de masas, principalmente de la prensa, pero también de la radio y de la televisión), los universitarios de «espíritu más democrático» informarían al público sobre las «últimas tendencias» del pensamiento académico, sobre los problemas filosóficos que en los días más recientes «están siendo» planteados, sobre las respuestas más solventes que están disponibles, pretendiendo así sugerir que existe un foro internacional reconocido de debates filosóficos, y que el público tiene que estar informado de los últimos «resultados» habidos en ese foro, en el mismo sentido a como tiene que estar informado de los últimos debates sobre el *big bang*, sobre el agujero de ozono o sobre el sida. De este modo, cabría considerar que la «sociedad democrática avanzada» debe disponer de un Instituto de Filosofía capaz de desempeñar el papel de órgano supremo del poder legislativo del Estado, o, por lo menos, de Tribunal Supremo investido de la responsabilidad de definir, en cada momento, los límites últimos del saber, los límites de la razón, de fijar y difundir (mediante intervenciones del funcionario filósofo correspondiente en la televisión oficial), pongamos por caso, la doctrina sobre el aborto, sobre la energía nuclear o sobre la objeción de conciencia. De este modo, el «catedrático de Ética», ejerciendo funciones de filósofo, será requerido por la televisión, para informar al público, en lenguaje todo lo llano que le sea posible, sobre el «estado de la cuestión de la eticidad del aborto», a la manera como el catedrático de Química informará, en lenguaje llano, sobre el «estado de la cuestión de los compuestos clorofluorcarbonados» en relación con el agujero de ozono. Es muy probable que los miembros oficiales de estas Academias institucionales se resistan a reconocerse en el retrato que pretendemos haber hecho de sus funciones; pero esta resistencia probaría, a nuestro juicio, la misma ridiculez del ejercicio de esa atribución de funciones.

Lo esencial es tener en cuenta que el concepto de «saber académico» es, ante todo, un concepto histórico (la tradición platónica), y no político administrativo, burocrático (la Universidad o el Instituto Superior); y que la institucionalización de la filosofía da principio a una dialéctica degenerativa. En virtud de esa dialéctica la filosofía académico-burocrática («universitaria», principalmente) tiende a convertirse en filología, en análisis histórico de doctrinas ya dadas o en análisis filológico-lingüísticos inofensivos y amanerados (en rigor, su función, de hecho, se reduce a suministrar criterios de selección para el reclutamiento orientado a la reproducción del gremio). Con ello busca acaso aproximarse, en lo posible, a la condición de un saber positivo, universalmente aceptado en sus ámbitos de confrontación; de hecho, lo que todavía es más insidioso, utiliza las doctrinas que ya han sido filológicamente analizadas (sin duda escrupulosamente) como coordenadas para diagnosticar y avalar situaciones del presente. Y así, un especialista en Hegel utilizará las ideas hegelianas para explicar el proceso de disolución de la Unión Soviética. Por otra parte, es lo cierto que obtendrá mejores resultados que quien emprenda ese análisis según su «espontáneo modo de entender». Pero si el estado actual del mundo ha rebasado enteramente el estado del mundo al que Hegel refirió sus ideas, deberemos considerar absurdo tal proceder. Con esto no pretendemos insinuar que no sea preciso apelar a las ideas de Hegel en el momento de analizar nuestro presente. Lo que queremos decir es que las ideas de Hegel habrían de ser utilizadas una vez incorporadas a un sistema filosófico del presente, si es que este sistema existe. No es, en resolución, la *divulgación* el modo a través del cual la filosofía académico burocrática pueda socializarse y cumplir su «papel» político; entre otras cosas, porque el saber filosófico, que no es un saber científico, no tiene ni puede tener un «lenguaje simbólico internacional». Sólo puede expresarse en lenguajes nacionales, con todo lo que esto implica desde el punto de vista del análisis ideológico. Pero la filosofía, aun expresándose sólo en un lenguaje nacional, no tiene por qué cerrarse en él, como si su lenguaje fuera la forma de expresión del genio del propio pueblo que lo habla. Ocurre simplemente que sólo desde un lenguaje nacional, dado a cierto nivel histórico, es posible escuchar lo que puede decirse también en otros lenguajes nacionales.

Y este solo hecho nos permite ya advertir una circunstancia en cierto modo paradójica: que la filosofía del presente, tal como pueda ser formulada por los filósofos (y no por cualquier ciudadano), por intensa que sea la disciplina académica que ella comporte, no puede ser «explicada» a modo de «divulgación» de un saber hermético, cuyas pruebas se supone que sólo son accesibles a los «académicos», como ocurre en Matemáticas, en Física o en Biología. Su «explicación pública» –por difícil que pueda resultar– es su misma construcción «divulgada». La prueba tiene lugar en el lenguaje nacional mismo en el que se expresa. No cabe apelar a la autoridad de Popper como si fuera la autoridad de un laboratorio. Quien escucha o lee una exposición filosófica (necesariamente dada en lenguaje nacional) debe poder juzgar por sí mismo, y no le está permitido al filósofo apelar a saberes de especialista que sólo los académicos pudieran comprender y valorar. En este sentido, una obra de filosofía, no por estar escrita en lenguaje nacional (en francés, en alemán, en español, en inglés) debe necesariamente considerarse como obra de divulgación, pues ésa es su forma regular de expresión. Ante la cual el público ya no tendrá que comportarse tanto como un alumno que está siendo informado (o instruido, o ilustrado de lo que se «debate en las alturas»), cuanto como un «juez» que ha de ser capaz de formar su propia opinión y de sentarse en el mismo tribunal supremo, convertido ahora en «tribunal popular». Esta circunstancia no está en contradicción con el papel de tribunal supremo que hemos asignado a la filosofía académica (la de tradición helénica). Pues su condición de tribunal supremo le viene dada no de la autoridad institucional administrativa que el poder político pueda eventualmente conferirle, sino de su misma condición de saber de segundo grado capaz de ofrecer efectivamente (como «contenidos sustantivos», y no meramente «adjetivos», hablando en términos académicos) los sistemas de coordenadas desde las cuales sea posible analizar el «estado del mundo». Análisis que implica un sistema de ideas dado entre otros sistemas histórica y polémicamente entrelazados y una crítica o catártica de ideas falsas regularmente segregadas por la falsa conciencia social (pongamos por caso: muchas Ideas asociadas a las palabras «libertad», «cultura», «pueblo», «justicia», «razón», «poder», «ciencia»). Que no sea posible institucionalizar este «tribunal supremo» no quiere decir que él no exista donde quiera que pueda constituirse. Si sus veredictos no logran desarrollar la suficiente capacidad de *convictio*, en relación con la sociedad en la que ellos funcionan, esto sólo significará que esta sociedad irá por derroteros diferentes de aquéllos que seguiría si reconociese sus sentencias.

Por último: la eficacia universal de ese «órgano crítico» de la sociedad no tiene por qué ser entendida únicamente al modo distributivo, como la participación de todos los ciudadanos en todos los debates filosóficos. Esa «eficacia universal» puede tener también lugar a través de canales específicos (específicos de científicos, de electricistas, de ingenieros, de metalúrgicos, de magistrados, de agricultores, de médicos); no sería necesario, por tanto, por así decirlo, que «todo el pueblo» estuviese al tanto de las obras de los filósofos. Sería, en cambio, necesario que una minoría suficiente del cuerpo social (¿el uno por cien mil? ¿el uno por un millón?) fuese capaz de constituir un público disperso, pero bastante, para que la crítica estrictamente filosófica pudiese desempeñar, en el conjunto del saber, el papel social que virtualmente puede corresponderle.

No se trata, por tanto, de trazarse el objetivo utópico de lograr que todos los ciudadanos de nuestra sociedad hayan de alcanzar el desarrollo de un «juicio filosófico» tal que sea capaz de admitir sentencias bien fundadas en cada momento; pero mucho más indeseable es pretender que ese «Tribunal Supremo» se circunscriba a los límites de un cuerpo profesional de «especialistas», de un gremio, dado que la filosofía tiende a desbordar todo gremio. Rechazadas estas alternativas, la única que se mantendría como alternativa plausible sería la que se propusiera como objetivo lograr que un conjunto «disperso» de ciudadanos, de profesiones múltiples, no vinculados entre sí gremial o institucionalmente, y con una «masa crítica» (¿medio millón? para España, ¿un millón?) suficiente, pueda ejercer una influencia social efectiva. Este «conjunto» o «Tribunal Supremo disperso» podría comenzar a desempeñar, de hecho, la función de un órgano insustituible en una sociedad avanzada, un órgano que ejercería, entre otras cosas, el papel de filtro de los millares de juicios individuales gratuitos e infundados que pululan en una sociedad en la que ese órgano no actúa, juicios venales que, sin embargo, son compatibles con los de un publicista, un periodista, un «intelectual libre» (no orgánico), &c., que ha alcanzado la función de «formador de la opinión pública», careciendo de toda capacidad de formular juicios filosóficos fundados a la altura del presente.

En España, en nuestro presente, la educación filosófica es universal a todos los ciudadanos, a menos desde un punto de vista legal; sin embargo la presencia de hecho de una filosofía crítica puede considerarse como prácticamente nula. ¿No debe ser esto uno de los principales motivos de reflexión autocrítica para el cuerpo de funcionarios del Estado a quienes se les ha encomendado la educación filosófica de la Nación?

Apéndice

*El papel de la filosofía en el conjunto del saber
constituido por el saber político, el saber científico
y el saber religioso de nuestra época*

Teniendo en cuenta que muchos de quienes participan en este Congreso tuvieron conocimiento, en su momento, de mi libro *El papel de la filosofía en el conjunto del saber*, publicado en 1970, me ha parecido conveniente ofrecer algunas precisiones que tengan incluso el sentido de un «ajuste personal de cuentas» con la situación actual desde la que ha sido redactada la ponencia sobre *El lugar de la filosofía en la educación* que, por encargo de sus organizadores, he presentado en este mismo Congreso.

El papel de la filosofía en el conjunto del saber fue escrito y entregado al editor hace ya más de veinticinco años, en los días de Mayo del 68[6], aunque su publicación se retrasó hasta el año 70[7].

---

6 En febrero de 1968 había aparecido el folleto de Manuel Sacristán, *Sobre el lugar de la filosofía en los estudios superiores*, Colección «Debate Universitario» n° 2, Editorial Nova Terra, Barcelona 1968, 37 págs; reproducido en *Papeles de Filosofía, Panfletos y Materiales II*, Icaria antrazyt n° 35, Icaria Editorial, Barcelona 1984, págs. 356-380.

7 Colección Los Complementarios n° 20, Editorial Ciencia Nueva, Madrid 1970, 319 págs., más una hoja suelta que reproducimos literalmente: «advertencia. Este libro fue escrito hace dos años; circunstancias muy conocidas retrasaron su publicación hasta la fecha. En este intervalo se han producido nuevos hechos y, en particular, han aparecido algunas publicaciones que alteran muchas de sus referencias y lo hacen anacrónico antes de nacer. Me refiero, principalmente, a la entrevista a Manuel Sacristán por José María M. Fuertes («Cuadernos para el diálogo», agosto-septiembre 1969); al folleto de L. Althusser, «Lénine et la Philosophie» (París, Maspero, 1969); al libro de Tierno Galván, «Razón mecánica y razón dialéctica» (Madrid, Tecnos, 1969), y al libro de Eugenio Trías, «La Filosofía y su sombra» (Barcelona, Seix-Barral, 1969). Resulta imposible, en esta ocasión, desarrollar debidamente las consecuencias suscitadas por estos hechos en el conjunto de la argumentación de este libro. Sale éste, pues, consciente de su insuficiencia y de la necesidad de ser completado en su momento, determinando algunas de sus fórmulas que, en

Sin embargo, el «conjunto del saber» (accesible al autor) en función del cual se intentaba definir el papel de la filosofía ha variado en estos veinticinco años; de manera que, aun en el supuesto de que las tesis de la obra original permanecieran las mismas, habría variado su contexto, lo que es un modo de decir que aquellas mismas han variado relativamente o, por lo menos, han quedado «flotando» indeterminadas en relación con los nuevos sistemas de referencia.

Por lo que al autor respecta estos nuevos sistemas de referencia o, si se quiere, el «conjunto del saber» (un saber que, en todo caso, es una idea antropológica, un «saber humano», no un «saber divino») tal como en el día de la fecha le es dado representárselo, y en función de cuya representación se pretende definir el papel de la filosofía, puede considerarse agrupado en torno a tres núcleos que, aunque profundamente interrelacionados, se sitúan respectivamente en lo que venimos llamando «ejes constitutivos del espacio antropológico» (que designamos como *eje circular, eje radial y eje angular*).[8]

El primer núcleo (próximo al eje circular) polariza al *saber político*; el segundo núcleo (próximo al eje radial) polariza al *saber científico*; el tercer núcleo (próximo al eje angular) polariza al *saber religioso*. Pero el *saber político* mundial es hoy muy distinto del «saber político» de hace veinticinco años, cuando todavía el Estado Soviético constituía la referencia alternativa de millones y millones de hombres; en nuestros días hay un «consenso» cuasi universal para considerar a las constituciones democráticas parlamentarias como la forma más elevada (según algunos: la última y definitiva, el «fin de la Historia») del saber político (el autor ha intentado redefinir sus posiciones en torno a este saber en el libro *Primer ensayo sobre las categorías de la ciencias políticas*)[9]. Por lo que respecta al *saber científico*, puede decirse que, en este cuarto de siglo, el

---

su estado actual, resultan excesivamente programáticas (por ejemplo: filosofía y revolución, teoría de las contradicciones dialécticas, teoría de las ideas como funciones, etc.) el autor Oviedo, enero 1970».

8 Ver Gustavo Bueno, «Sobre el concepto de 'espacio antropológico'», en *El Basilisco*, nº 5, 1978, págs. 57-69; *Etnología y utopía*, 2ª edición, Júcar, Madrid 1987 (en particular el «Epílogo») y *El sentido de la vida*, Pentalfa, Oviedo 1996.

9 Gustavo Bueno, *Primer ensayo sobre las categorías de las «ciencias políticas»* (presentación y apéndices por Pedro Santana), Biblioteca Riojana nº 1, Cultural Rioja, Logroño 1991, 460 págs.

desarrollo de las ciencias y de las nuevas tecnologías ha continuado su proceso victorioso cada vez más complejo, abordando nuevos problemas, y cada vez con mayor seguridad: nuevas cosmologías, física nuclear, reconsolidación de la teoría de la relatividad, viajes espaciales, ingeniería genética, tecnología de computadores, robótica, &c. (el autor ha intentado analizar críticamente el alcance y límites de estos desarrollos científicos a través de la *Teoría del cierre categorial*)[10]. En cuanto al *saber religioso*, cabe afirmar que, en el final del siglo (o, si se quiere, del milenio) ya no es posible mantener las mismas actitudes que el racionalismo materialista mantenía hace «tan sólo» veinticinco años: en líneas generales, puede afirmarse que las religiones han recuperado viejos impulsos; de hecho, se las respeta y nadie se atreve a alentar abiertamente una «cruzada» contra la «superstición»: hace veinticinco años quien notificase seriamente haber tenido una conversación con el extraterrestre que descendió junto a su coche de un platillo volante, habría ido directamente al hospital psiquiátrico, pero en nuestros días, la noticia se publica en la prensa y el «agraciado» es entrevistado con curiosidad y respeto en la televisión y en la radio (el autor ha propuesto, en *El animal divino*, una concepción de la religión que, sin perjuicio de su orientación materialista y lejos de la «teoría de la alucinación» o de la «teoría de la mentira política» para explicar el sentimiento religioso, pretende encontrar un fundamento de verdad a los fenómenos religiosos)[11].

Nos proponemos dar algunas indicaciones sobre el modo como, a nuestro juicio, habría que determinar «el papel de la filosofía» en el conjunto del saber constituido por el saber político, por el saber científico y por el saber religioso de nuestra época. Para los lectores que consideren este proyecto demasiado pretencioso («¿qué títulos tiene el autor para

---

10 Gustavo Bueno, *Teoría del cierre categorial*, Pentalfa, Oviedo 1992-1993. Esta obra, que está previsto ocupe quince volúmenes, está dividida en cinco partes (I. Proemial, sobre el concepto de «Teoría de la ciencia»; II. El sistema de las doctrinas gnoseológicas; III. La idea de ciencia desde el materialismo gnoseológico; IV. La clasificación de las ciencias; V. Dialéctica e historia de la ciencia). Están ya publicados los cinco primeros volúmenes (que contienen la I Parte, precedida de una *Introducción general*, y la *II Parte*).

11 Gustavo Bueno, *El animal divino, ensayo de una filosofía materialista de la religión*, Pentalfa, Oviedo 1985, 309 págs. (2ª edición, añadida con catorce escolios, Pentalfa, Oviedo 1995); y *Cuestiones cuodlibetales sobre Dios y la religión*, Mondadori, Madrid 1989, 478 págs.

arrogarse el derecho de hablar en nombre del saber político, del saber científico y del saber religioso de nuestra época?»), lo redefiniré de un modo que, al menos, se me reconocerá es mucho más *positivo*: el objetivo de este *Apéndice* no es otro sino el de determinar la tesis de un libro escrito hace veinticinco años, *El papel de la filosofía en el conjunto del saber*, en función de otros tres libros del autor aparecidos en años posteriores: el *Primer ensayo sobre las categorías de las ciencias políticas*, la *Teoría del cierre categorial* y *El animal divino*.

En todo caso –y cualquiera que sean las coordenadas desde las cuales se emprenda el proyecto de determinar el papel de la filosofía en el conjunto del saber–, no es tanto un proyecto que pueda considerarse movido por el interés específico (incluso «gremial», «perifilosófico») por la filosofía, sino que está movido por el mismo interés (crítico) que incita a la determinación de la naturaleza del saber en general, de los tipos del saber, de sus alcances respectivos, de sus eventuales conflictos y de sus límites. La consideración de «el papel de la filosofía» no es una cuestión «perifilosófica», sino que nos introduce en el centro mismo de los problemas de la filosofía, los problemas en torno a la naturaleza del saber.

I. *El papel de la filosofía en relación con el «saber político»*

1. Objetivo principal de *El papel de la filosofía* fue rebasar la tendencia permanente a entender la filosofía en función de determinadas disposiciones dibujadas «a escala» del individuo humano en tanto supuestamente enfrentado al «Ser», a la «Naturaleza», a la «Realidad» o incluso a la «Nada» (lo que obligaría a definir la filosofía a partir del interés del individuo racional, o de su «capacidad de asombro» ante el Ser, ante la Naturaleza o ante la presencia divina, o ante la conciencia de su «nihilidad existencial»).

Frente a esta tendencia (que acaso alienta, en el fondo, la concepción de la filosofía como «saber radical»):

(a) Se buscaba definir a la filosofía, no ya en función de estas realidades o nihilidades, entendidas en primer grado (Ser, Realidad, Naturaleza, Primeras causas, Vida, Nada, Existencia), sino en función, ante todo, de *otros saberes*, previamente dados (ya fueran saberes sobre la vida, sobre la realidad, sobre el mundo, sobre la nada) y no siempre concordantes entre sí. La filosofía era así entendida, desde el principio, como un «saber de segundo grado», y, en este sentido, como un saber re-flexivo (aunque no en la acepción psicológico-subjetiva del término, pues la reflexión se refiere aquí no ya a la «vuelta del sujeto sobre sí mismo», sino a la vuelta sobre «otros saberes» previamente dados, a fin de compararlos, contrastarlos, «coordinarlos» en su caso, o explorar sus límites recíprocos).

(b) Por consiguiente, la filosofía ya no podía entenderse como una actividad emanada de una fuente «individual» o subjetiva, puesto que los saberes que pre-supone son saberes de otros hombres, constituidos socialmente, según procesos históricos muy determinados. La filosofía, como saber de «segundo grado», debía entenderse, desde el principio, social e históricamente «implantada», y no «implantada» en una supuestamente originaria subjetividad individual de las conciencias humanas.

2. Desde este punto de vista, quedaba sobreentendido que la filosofía (en el sentido *estricto*, que es el sentido histórico de la tradición griega) tendría que reconocer como antecedentes suyos a los «mapas del mundo» (y «mundo» es mucho más que un concepto geográfico o astronómico: es una Idea) constituidos por las cosmogonías o mitologías primitivas (mal llamadas «religiosas»), es decir, a esas formas que los antropólogos o etnólogos llaman precisamente «filosofía» (ahora en sentido *lato*) o *Weltanschauung* de una sociedad dada. Quedaba sobreentendido que esta «filosofía en sentido lato» (o antropológico) había que verla como una filosofía «racional» –no como una construcción de la «mentalidad pre-lógica»–, aunque esta racionalidad se mantuviese en un estadio metafísico. La filosofía, en su sentido estricto, se nos presentaba entonces como una evolución o transformación de aquellas filosofías en sentido lato o antropológico. Una transformación que sólo puede entenderse a partir no de una filosofía (en sentido antropológico) aislada, sino a partir de la confluencia de varias «concepciones del mundo» adscritas a sociedades o culturas diferentes que hubiesen entrado en contacto, generalmente conflictivo, y, por tanto, en confrontación y trituración mutua. Esta confluencia regular sólo podría tener lugar a partir del nivel histórico definido por la Ciudad o por el Estado. Pero no todas las Ciudades-estado, o todos los Estados en general, habían de dar origen a la filosofía, en sentido estricto. Habría que pensar en Ciudades-estado muy peculiares, por ejemplo, aquéllas que, por su condición

de colonias de una ciudad fundadora (de una *polis*), pudieran quedar desarraigadas (relativamente al menos) del tronco de sus creencias originarias, a la par que enfrentadas a las culturas orientales con las que tenían que convivir y ante las cuales tenían que definirse de modo global (*totalizador*). En estas ciudades pudo desarrollarse un género de *logos* crítico, vinculado a un individualismo corpóreo operatorio, que tiene que ver con las constituciones democráticas y con las construcciones aritméticas y geométricas, así como también con las «representaciones gráficas» del mundo geográfico (el primer *mapa mundi* se atribuye a Anaximandro de Mileto).

Lo decisivo es tener presente que la «escala» de la individualidad operatoria, que asociamos a la razón crítica, no se nos aparece desde un horizonte metafísico poblado de sustancias individuales, sino desde un horizonte social y cultural propio de hombres que desarrollan una racionalidad crítica precisamente por atenerse a esta escala individual (es decir, una racionalidad que necesita pruebas positivas, en las cuales el individuo ha de ser sustituible, «democrático»). Una racionalidad que ha de constituirse a partir de creencias heredadas (supraindividuales); no es a partir de su individualidad corpórea por lo que los hombres desarrollan sin más, «naturalmente», su racionalidad crítica (lo que no quiere decir que la racionalidad crítica pueda llevarse adelante al margen de la individualidad corpórea). El desarrollo de la racionalidad crítica no es un proceso individual («ontogenético»), sino histórico («filogenético»). En particular, será la «reconstrucción geométrica» de los grandes mitos cosmogónicos mediterráneos lo que conducirá a las metafísicas presocráticas[12]. Y de la confrontación de estas metafísicas tan diversas que pudo tener lugar en la Atenas victoriosa de los persas, en la Atenas de la época sofística, saldría la filosofía en sentido estricto, que es la filosofía *académica*, en su sentido histórico preciso, la filosofía del círculo de Platón. La Academia platónica, al igual que las escuelas precursoras (Mileto, Crotona, incluso la «casa de Calias»), aunque producto genuino de la *polis* (e inconcebible al margen de esa su «implantación política»), no se constituye, sin embargo, originariamente, como institución pública, a cargo del Estado, como «deber civil». Este proceso tendría lugar en la época del Estado imperialista (o, si se prefiere, de la Ciudad Imperial) –desde los Estados

---

12 Gustavo Bueno, *La metafísica presocrática*, Pentalfa, Oviedo 1974, 370 págs.

alejandrinos hasta el Estado romano, y, después, los Estados sucesores (incluyendo en ellos a la Iglesia romana, si no como un Estado, sí como «agencia de coordinación espiritual» de los demás Estados)–. A partir de entonces, la filosofía quedará institucionalizada en el marco político del Estado, incluso como momento, o acaso como «paralelo» cultural de la «totalización» que los Estados o las Iglesias llevaban implícita en cuanto «organizaciones sociales totalizadoras». La situación de la filosofía histórica como *institución pública* (política, ya en sentido estatal, ya en sentido eclesiástico), abrirá una dialéctica interna peculiar que irá desde el conflicto frontal (la clausura de las Escuelas de Atenas por Justiniano, en el 527) hasta el régimen de subordinación a la Iglesia (la filosofía escolástica, judía, cristiana o musulmana) o al Estado (la filosofía del Estado prusiano). Pero esta dialéctica no desvirtúa la condición política constitutiva del suelo de toda filosofía. En cualquier caso, la filosofía, en su sentido estricto, es un *género* con *especies* muy variadas. Tanto es así que cabría entender ese *género* dentro del tipo de los géneros plotinianos (no porfirianos), género al que pertenece la «raza de los heráclidas», los cuales «se dicen del mismo género (según Plotino) no ya tanto porque se parezcan entre sí cuanto porque proceden de un mismo tronco». Hasta el punto de que, entre las transformaciones descendientes de este tronco, tendremos que contar con especies *de-generadas*, con la *falsa filosofía*.

Una de las más interesantes transformaciones de la filosofía académica en nuestros días es la que adopta la forma de «filosofía analítica», que en los últimos años va extendiéndose por las Universidades como si fuera única moneda de curso legal, en el terreno internacional. La filosofía analítica –tal como se expone en revistas internacionales, congresos, &c.– mantiene, desde luego, de algún modo, la tradición filosófica; además, las referencias a problemas cotidianos a través del análisis del lenguaje ordinario (sobre cuestiones de ética, de teoría de la ciencia) mantiene también el contacto con la actualidad. Sólo que su estilística amanerada (prolijidad, uso de un repertorio convencional de fórmulas lógicas, enumeraciones escolásticas que sugieren análisis exhaustivos y círculo cerrado de citas de autores que a su vez se citan entre sí y todos a Wittgenstein, sugiriendo una «comunidad en marcha») la mantienen de hecho en el terreno de una «especialidad» universitaria que quiere ser neutral respecto de las cuestiones «ideológicas» (en Derecho, en

Política, en Etica, en creencias religiosas) y que, sin embargo, serán también consideradas a título de ejemplos. De este modo, cabe pensar que la filosofía analítica tiene una funcionalidad clara precisamente por la «asepsia ideológica» de sus procedimientos, su especialismo, su voluntad de objetividad y su escrupulosidad. Esta funcionalidad podría hacerse consistir: (1) en mantener la institución, históricamente consolidada, de la actividad filosófica, convertida en una especialidad universitaria entre otras, y, en particular, en una especialidad «no agresiva», ocupada profesionalmente en asuntos que se habrán de suponer como «perfectamente localizados» (aunque estos asuntos sean «Dios» o la «Ciencia»); (2) en hacer posible que esta institución (y a ello coopera su asepsia o neutralidad aparente) pueda mantener intercambios internacionales (preferentemente en inglés) al estilo de los que tienen lugar en otras disciplinas (biológicas, físicas, &c.); (3) en constituir un criterio de reclutamiento de nuevos profesores, capaces de reproducir la institución.

Es obvio que en estas condiciones, la «filosofía analítica», a la vez que «llena un vacío» –el de un Estado que no se atreve a eliminar de sus planes educativos o culturales a la «filosofía» (pero por razones análogas en parte a aquellas por las cuales no se atreve a eliminar el cultivo del arameo, o incluso el cultivo de la flauta, al que se llegará incluso a declarar obligatorio y universal en la formación de los futuros ciudadanos)–, se convierte en una filosofía degenerada, en una forma de filosofía escolástica de nueva especie, una suerte de gramática convencional cada vez más amanerada (puesto que se realimenta de sus propios cultivadores) y en la que se repiten de mil modos diez o doce temas del repertorio con una monotonía apenas disimulada por las «parábolas» que los miembros más agudos del gremio intercalan de vez en cuando (la misma elección de Wittgenstein, como referencia común convencional, puede interpretarse en este mismo contexto funcional: una abundante colección de pensamientos aforísticos, indeterminados, con apariencia de profundidad, con ingenio ocasional, sirven de moneda de cambio para tratar de otros problemas que tienen en el fondo presupuestos muy distintos y que permiten adaptarse a las diversas situaciones políticas de cada momento: de ahí el carácter acomodaticio que, de hecho, mantiene esta filosofía de profesores para profesores).

En la sociedad del presente, el interés por la filosofía suele aparecer como una opción o vocación personal. Pero esto no significa que los intereses filosóficos hayan madurado en el ámbito subjetivo de esa conciencia personal; sólo significa que es esa misma conciencia filosófica personal la que ha sido moldeada en una «matriz» social e histórica.

3. Sin embargo, hay que reconocer que algunas corrientes filosóficas, que podrían llamarse «gnósticas», apoyándose en la realidad de ese componente individual de la racionalidad filosófica, han tendido a desvincular de raíz –tanto genética como temáticamente– a la filosofía de la política, considerando errónea la concepción genético política de la filosofía y, en los casos extremos, espurio todo interés filosófico por cualquier forma de saber político. En la llamada «digresión del *Teeteto*», Platón dibuja la figura del verdadero filósofo como alguien que ha de comenzar por alejarse del ágora, de la plaza pública, de la *polis*. Y Plotino llega a decir que los asuntos políticos –la distinción entre hombres libres y esclavos, entre reyes y súbditos o incluso el asalto a las ciudades o las guerras– no merecen la atención del filósofo (menos aún del sabio): harta materia tiene éste con asuntos que nada tienen que ver con la patria terrestre. ¿No había dicho Anaxágoras, cuando le preguntaron por sus ideas políticas, señalando al cielo astronómico: «esa es mi patria»? Y no sólo los neoplatónicos: también los filósofos epicúreos y los cínicos abominaron de cualquier interés relacionado con los saberes políticos, como pueda serlo el interés por el arte militar: «¿Hasta cuándo se debe filosofar?», le preguntaron a Crates el cínico, que respondió: «Hasta tanto que los Generales de ejército parezcan conductores de asnos».

Nos parecería injustificado menospreciar estas tradiciones de la filosofía apolítica, tradiciones que llegan hasta el presente, constituyendo además un peculiar modo de entender la sabiduría. Si hay saberes que degradan –¿acaso el Dios de Aristóteles podía dignarse a descender al conocimiento de las minucias constitutivas de los entes móviles?–, el saber político ¿no sería el más degradante, una «triste ciencia»? «El sabio no es curioso». ¿Y no es el saber político otra cosa que curiosidad efímera sobre asuntos en los que nadie está de acuerdo, sobre cuestiones que flotan en el mundo de la opinión (de la *doxa*), cuyos desacuerdos sólo pueden resolverse por procedimientos tan extrínsecos como puedan serlo la espada o el voto? ¿No se recurre a la votación o a la espada precisamente cuando se han agotado los argumentos, cuando no hay consenso? Hemos defendido, en otra ocasión, que la alternativa apolítica es una posibilidad interna que necesariamente debe ser explorada, siempre que se pretenda fundamentar la naturaleza del saber filosófico. ¿Acaso no puede –y aun exige– este saber, si es «radical y último» (como tantas veces se afirma), *autofundamentarse*, es decir, reclamar –como parece reclamarla también la conciencia ética– una *autonomía absoluta*? ¿Acaso la conciencia filosófica, en cuanto «conciencia absoluta» –o «conciencia de lo Absoluto» (Fichte o Hegel)–, podría concebirse implantada en algún lugar distinto de ella misma? Hemos denominado, en otro lugar, «implantación gnóstica» de la filosofía a esta alternativa abierta a su autoconcepción, reconociendo que una tal alternativa está efectivamente abierta siempre para ser necesariamente explorada, porque no puede ser rechazada *a priori*. Más aún, hemos reconocido que sólo la crítica a esta concepción gnóstica de la filosofía –una crítica que hacemos paralela a la «crítica de la razón pura»– nos abrirá la posibilidad de reconocer la realidad de la «implantación política» (tomando, obviamente, «política» en su sentido más amplio) de la conciencia filosófica[13].

4. La crítica a la «conciencia gnóstica» equivale prácticamente a la crítica al idealismo filosófico, la crítica a la concepción de una conciencia pura capaz de funcionar en sí misma y por sí misma al margen de cualquier otra forma de conciencia (como si fuera una conciencia «suspendida sobre la nada»). La conciencia filosófica es una conciencia que presupone (y no sólo en el principio, sino constantemente) otras formas previas de conciencia o de saber, es una conciencia o saber de segundo grado, un saber de saberes, una reflexión no subjetiva, sino objetiva. Un saber, para decirlo dentro del esquema platónico, que presupone no solamente los saberes procedentes de los diversos órganos de la sensación (*eikasía*), sino también los saberes procedentes de las creencias transmitidas por otros hombres (por el lenguaje, por los mitos, por la fe o *pistis*). Y, en la medida en que todos estos «saberes primarios» sólo pueden conformarse socialmente y, por tanto, políticamente, habrá que reconocer que los diversos tipos de estructura política (según el nivel histórico o social) y, por tanto, de saber político, habrán de estar

---

13 La cuestión de la «implantación gnóstica» y la «implantación política» la hemos tratado principalmente en «El concepto de 'implantación de la conciencia filosófica'. Implantación gnóstica e implantación política», en *Homenaje a Aranguren*, Ediciones de la Revista de Occidente, Madrid 1972, págs. 37-71; *Ensayos materialistas*, Taurus, Madrid 1972; y en el ya citado «Prólogo» a *La última orilla*.

moldeando de un modo profundo la posibilidad misma de la conciencia filosófica. Otra cosa es determinar –desde la heterogeneidad de las diferentes estructuras políticas– si hay algún tipo de estructura política que facilite, más que otras, la constitución de la conciencia filosófica (o, lo que es equivalente, si hay algún tipo de estructura política que bloquee la posibilidad de una conciencia filosófica –no ya la expresión pública de la misma–). Por ejemplo, podría sostenerse que el saber filosófico, en tanto es un saber «totalizador» de saberes universales, presupondría una estructura política también universal (una «organización totalizadora universal»), lo que aproximaría, según algunos, la filosofía totalizadora a la política totalitaria (es la interpretación de Platón, como pensador «prefascista», que sugirió Popper y que en los años setenta desarrollaron los llamados «nuevos filósofos» franceses; o la interpretación de Hegel como «pensador funcionario» del Estado prusiano, o la interpretación de Marx como *pensador del Gulag*). Desde luego, por nuestra parte, reconocemos que el impulso hacia un «saber totalizador» no puede proceder de los hombres primitivos, organizados en bandas o en tribus; supone, desde luego, de algún modo, un nivel de complejidad política mayor, el de la Ciudad o el del Estado. Sin perjuicio de lo cual nos parece que la forma política que hay que poner a la base de la conciencia filosófica es precisamente la forma democrática en su sentido estricto, en la medida en la cual la democracia es algo más que un sistema formal de elección de magistrados mediante el voto y se apoya, de un modo u otro, en el supuesto de que es «el pueblo» –y no los grupúsculos de las aristocracias hereditarias o facticias (que actúan en nombre propio, o en nombre de Dios, o incluso en el mismo nombre del pueblo, a quién, sin embargo, no consultan)– la fuente de los saberes racionales y de los juicios maduros, si es que estos existen.

Ahora bien, en la medida en que la totalización filosófica es una totalización racional, que no admite fuentes particulares o privadas de revelación, reservadas a «minorías pequeñísimas» (aristocracias de sangre, colegios sacerdotales, sectas, logias o academias selectas), se comprenderá la sinergia de la actividad filosófica y de la actividad democrática (del saber democrático), según la advertencia de Euclides a Tolomeo: «No hay caminos reales para aprender Geometría». Frente a la interpretación popperiana del platonismo, cabría subrayar los componentes «democráticos» –en el sentido dicho, no meramente formales– de la Academia platónica; pues allí no se cierra la puerta a nadie (por razones de raza, de edad, de sexo), ya que sólo se exige para entrar en ella «saber Geometría». Y, además, la Academia no se concibe como un fin en sí, puesto que ella está orientada al bien de la República. Una República que, aunque se proyecta como estratificada en tres clases, no puede confundirse con una sociedad de castas, sino con una sociedad dotada, diríamos hoy, de «movilidad vertical», y, en este sentido, democrática (los gobernantes filósofos de la República platónica no constituyen una casta, puesto que se reclutan entre el pueblo y, por ello, el hijo de un Rey podrá ser destinado a ser agricultor, si llega el caso, así como el hijo de un agricultor podrá ser elegido Rey si llega a ser sabio).

En este sentido, lo que la filosofía, en cuanto conciencia «políticamente implantada», criticará a la concepción gnóstica de la filosofía será, ante todo, su *catarismo* (su elitismo, su individualismo, el separatismo de un grupo en el momento de arrogarse el monopolio del saber filosófico, en este sentido, el «academicismo» en el sentido degenerado de la palabra). La actitud, en suma, de un individuo o de un grupo que considera el saber filosófico como una especialidad patrimonio de una élite separada del pueblo (aunque verse sobre el lenguaje popular u ordinario), sin perjuicio de que alimente su deseo de comunicarlo haciendo la dignación de hacer partícipe al pueblo de su presunto saber (de «popularizarlo» o «divulgarlo»).

La famosa distinción que Kant propuso entre la filosofía en sentido *mundano* y la filosofía en sentido *académico* incorpora, ante todo, esta virtualidad crítica contra el catarismo (representado aquí sin duda por la «Academia», al menos en la medida en que ella tienda a «aislarse en su torre de marfil», a hacerse elitista, sectaria, cátara). En efecto, Kant postuló a la filosofía mundana como la «legisladora de la razón» – mientras que al filósofo académico le asignó el papel de mero «artista de la razón»–. Pero, en su propuesta, sin perjuicio de su certera inspiración *crítica* de principio, Kant sólo recogió un aspecto muy parcial de la compleja dialéctica entre el momento mundano y el momento académico de la filosofía. En efecto, Kant se atuvo al aspecto de la dialéctica, que la Ilustración había llevado al primer plano, en el que se considera la oposición entre el *pueblo* («el mundo») y la *élite* ilustrada; pero mientras mantuvo para el pueblo el sentido «democrático» de la Ilustración más radical (frente a la Ilustración «despótica»), subrayó en la Academia el significado que los románticos habrán de dar poco después al papel de las Academias, como órganos del pueblo, aunque el «pueblo» ya no se tome en sentido universal (la Humanidad) sino en el sentido particular (el sentido del *Volk* determinado, un término procedente al parecer del latín *vulgus*, pero interpretado en sentido ponderativo) en cuanto sujeto de un saber –*folklore*– cuya expresión espontánea, si no «voz de Dios», sí será «voz del Espíritu» –*Volksgeist*–, del Espíritu de cada Nación.

Para Kant el Pueblo o el Mundo –y esto es algo que no se ha subrayado como es debido– desempeñaba el papel de la Humanidad, en estado adulto, una vez que se hubiera desprendido de los andadores infantiles que aprisionaban su libertad: lo que es particular son sólo sus andadores, sus *idola fori*, su fanatismo, sus prejuicios. Sería suficiente retirarlos –incluso educando a los individuos en escuelas «fuera de la sociedad corrompida», como Rousseau prescribía educar a Emilio– para que cada cual pudiese usar de su razón por sí mismo (siglo y medio después Gramsci dirá, con fórmula kantiana: «Todo hombre es filósofo»). Pero Kant tampoco deseaba menospreciar a la Academia; y así como vio al pueblo como *Humanidad* (y no como «vulgo» o «canalla»), así también vio en la Academia el hogar de un arte que, si no crea, tampoco destruye el saber popular, puesto que se nutre de él, lo conserva y aun lo refina. De este modo resultaría que Kant está de hecho pensando la oposición dialéctica mundano/académico en términos que se aproximan mucho a la oposición clásica y cuasi metafísica Naturaleza/Cultura[14] (que incluye el entendimiento de la cultura o del arte como «imitación» o mímesis de la naturaleza: sólo en el Romanticismo el *Arte* comenzará a verse como «sustantivo tautogórico», como la patria verdadera del Espíritu, de un Espíritu «desterrado de la Naturaleza»). Sin embargo, podemos afirmar que de ese Pueblo-humanidad, y menos aún de su saber, no cabe hablar como de algo que estuviese dado de antemano. No negamos que carezca de sentido hablar «en nombre de la Humanidad». Decimos que la posibilidad de ese sentido sólo puede tener lugar en épocas muy tardías (por ejemplo, en la época de la *Declaración de los derechos del hombre y del ciudadano*). Además, para alcanzar ese sentido, hay que llevar a cabo la abstracción de determinaciones tan significativas como puedan serlo las de la «raza», «sexo», «religión», «cultura»; es decir, hay que remitirnos a una Humanidad que nunca

---

14 Hemos desarrollado ampliamente una crítica filosófica a la Idea de Cultura en nuestro libro, *El mito de la cultura. Ensayo de una filosofía materialista de la cultura*, Editorial Prensa Ibérica, Barcelona 1996.

ha existido originariamente, puesto que la Humanidad, como un *todo*, se ha dado siempre *repartida* en razas, sexos, religiones y culturas, no sólo diferentes, sino contrapuestas entre sí. La mayor parte de los atributos que se consideran universales o comunes a la Humanidad –los saberes universales del *homo sapiens sapiens*–, lejos de ser atributos que unifican, como atributos comunes, son atributos que, precisamente por ser comunes, separan a los hombres y los enfrentan con otros: «todos los hombres tienen religión», pero las religiones son diferentes y las guerras de religión han causado tantas muertes como las guerras políticas; «todos los hombres tienen lenguaje», pero los lenguajes son diferentes, y los hombres, precisamente por hablar todos diferentes lenguajes, no se entienden entre sí, &c.

Esto no significa que no existan «saberes universales de la Humanidad»; al menos, saberes comunes «de derecho» (aunque «de hecho» no sean universales). Diremos «de derecho» sólo cuando el derecho a este saber no esté contradicho, de un modo solvente, por los derechos reclamados por otros saberes «iguales y de sentido contrario». Así, el «saber geométrico» es universal y común «de derecho» para todos los hombres (aunque «de hecho» sólo sea un saber de los especialistas matemáticos); pero el «saber hablar el inglés» es un saber que ni de hecho ni de derecho es universal (porque al derecho del inglés a ser universal se contrapone el derecho del español, o del chino, a serlo también): la universalidad es aquí un postulado que entra en «competencia darwiniana» con otros postulados. Abenhazam, un pensador musulmán de la Córdoba del siglo XI, propuso una profunda clasificación de los saberes (o de las ciencias) en los dos siguientes grupos: el de los saberes «comunes de todos los pueblos» (y en este grupo incluía la Aritmética, la Geometría, la Física, la Medicina, &c.) y el de los saberes «propios de cada pueblo» (la Historia, la Religión, la Gramática, el Derecho). Paradójicamente, los saberes «comunes a todos los pueblos» no son «populares» –sino propios de los especialistas que los cultivan en la Academia (que habrá que llamar universal, o, acaso, Universidad) y que se «divulgan» ulteriormente entre el pueblo, en calidad de «vulgo» destinado a ilustrarse–; mientras que los saberes «propios a cada pueblo» son saberes populares, por lo que las Academias que los cultivan ya no podrán arrogarse la función de crearlos, sino, sólo, a lo sumo, de purificarlos o desarrollarlos «artísticamente» (son Academias «particulares»). La Academia de la Lengua Española (fundada en

1714, medio siglo antes de que Kant propusiera su distinción entre lo «mundano» y lo «académico») presuponía ya dado el español vivo, y no intentaba sino preservarlo, limpiarlo, fijarlo y darle esplendor. Así, pues, mientras que las Academias particulares no son «legisladoras de su arte», sino artistas, las Academias universales serán «legisladoras de su saber», y aun creadoras del mismo. Cicerón (venía a decir Descartes) no puede llegar a hablar latín mejor, en lo sustancial, que su cocinera; pero (diremos nosotros) Euclides estaba ya en posesión de un tipo de geometría inmensamente superior al que pudo conocer su cocinera, si es que esta no asistía a su Escuela.

Cuando Kant hablaba de «filosofía académica», ¿a qué tipo de Academia se refería? Sin duda, él tenía presentes las Academias particulares, pero inadecuadamente, si es que la filosofía académica, tal como él la entendía, pretendía la universalidad, extendida a toda la Humanidad. Platón, el fundador precisamente de la Academia y de la «filosofía académica», exigía «saber «geometría» a quienes quisieran entrar en ella. Pero la Geometría la hemos considerado como saber universal, al menos de derecho. Lo que ocurre es que la clasificación de Abenhazam –y la clasificación de las Academias que hemos puesto en correspondencia con tal clasificación– sólo es clara considerada según las características *funcionales* que definen a las clases respectivas; pero es muy oscura cuando nos fijamos en los *valores* de cada función. Pues los valores (o contenidos) no son *a priori* universales (salvo ciertos contenidos genérico-etológicos tales como el «saber andar», el «saber respirar», el «saber empuñar un palo» o incluso, en parte, el «saber cocinar»), sino que sólo llegan a serlo (y sólo en el plano del derecho, no en el del hecho) tras un proceso histórico que dura siglos y aun milenios. Descontados los valores de saberes universales («de derecho») de las ciencias físico matemáticas o biológicas, los demás valores de los saberes que pretenden la universalidad sólo lo son intencionalmente, no efectivamente, puesto que su derecho no es reconocido universalmente o ha dejado de serlo. Hasta el siglo XVI, en Europa, el saber religioso emanado de la Iglesia romana se arrogaba, por derecho divino, su carácter universal, *católico*: pero tras la reforma protestante este derecho fue impugnado «desde dentro» del cristianismo (no hace falta recordar que, desde fuera –aunque «dentro del Mediterráneo»–, la universalidad o catolicismo «de derecho» era impugnada por el judaísmo y por el islamismo, y desconocida simplemente por el budismo y por otras religiones). Hasta el siglo XVIII, el latín, asociado inicialmente a la Iglesia romana, constituía el lenguaje universal de derecho y de hecho propio del saber académico europeo; pero, poco a poco, este derecho fue impugnado por los derechos que las lenguas nacionales modernas (español, francés, alemán, italiano, inglés) reivindicaron en orden a utilizar su idioma en las Academias, no sólo «universales», sino «particulares».

Hasta el final del siglo XX, después del derrumbamiento del leninismo (de la doctrina de la dictadura del proletariado universal), no se ha producido un consenso cuasi universal para considerar a la democracia parlamentaria (asociada al inglés) como la forma común del saber político del presente. Pero este consenso, ¿es un hecho más o es un derecho equiparable al que corresponde a la Geometría, como saber universal? Pues cabe poner ejemplos de valores particulares que han llegado a ser hoy «universales de derecho», pero cuyo derecho a la universalidad era impugnado, en sus mismos fundamentos, hace muy pocos años. La música de Mozart, que es música académica (pues ningún ciudadano del mundo puede, en virtud de su derecho a expresarse, cantar un *aria* de *La flauta mágica* salvo que haya estudiado muchos años en una Academia musical) y que es considerada, al fin del siglo XX, como valor cultural universal indiscutible («patrimonio de la Humanidad») fue proscrita, en la *revolución cultural* maoista, como «música burguesa» (por tanto, particular, mala); las llamadas «disciplinas olímpicas», que eran originariamente contenidos propios de algunas culturas particulares (de Grecia, de Inglaterra, y aun de España), han llegado, a final de este siglo, a ser universales de derecho, aunque de hecho sólo los atletas especialistas (tras largos años de disciplina rigurosa: artistas del movimiento de sus cuerpos) las practiquen (por cierto –pero esto ya es harina de otro costal–, al precio de convertirse, la mayor parte de las veces, en verdaderos monstruos fisiológicos y anatómicos). Por ello, tampoco es lícito suponer que, en el futuro, su universalidad, en sentido distributivo, pueda ser un «hecho»: esta suposición es una *utopía*, sin perjuicio de su proclamada universalidad «de derecho», una utopía fundada en la confusión entre los dos sentidos que puede alcanzar la universalidad, el distributivo (o partitivo) y el atributivo (o colectivo). Que la capacidad de saltar siete metros sea considerada un valor universal «de derecho» –un «patrimonio de la Humanidad» (como la capacidad de resolver ecuaciones de tercer grado o de tocar el violín)– no significa que «de hecho» todos los individuos humanos puedan saltar siete metros (o resolver ecuaciones de tercer grado, o tocar el violín). El «hombre total» –el de Hippias– o el «hombre politécnico» –de tantos marxistas– es un absurdo. La función universal de la mayor parte de los valores universales tiene lugar a partir de su puesto en lugares concretos del tejido cultural, al igual que ocurre en el organismo de un vertebrado: el carbono está distribuido en todas sus células, el calcio o el hierro sólo en algunas, pero no por ello pierden su condición de elementos necesarios para la totalidad de la economía humana atributiva. Algunos valores universales, sin embargo, podrán presentarse como valores universales de derecho, en un sentido distributivo. ¿Cuáles son ellos? No será preciso, parece, que todos los hombres toquen la flauta, o que todos sean escultores. Pero todos los hombres –todos los ciudadanos– deben tener «juicio maduro», deben poder *saber* argumentar, tener ideas adecuadas, deben ser filósofos, para ser *hombres* y no sólo *ciudadanos*. ¿Y a qué maestro acudirán?

5. La dialéctica en torno a la cual Platón ha hecho girar su Protágoras es la que resulta de la confluencia entre estos dos postulados, al parecer incompatibles:

(1) El postulado que nos impulsa a tener que atribuir universal y distributivamente al hombre ciertos saberes («virtudes» en el *Protágoras*) para que los hombres lo sean efectivamente, eminentemente, en su vida política.

(2) El postulado que nos impulsa a reconocer que tales saberes no son innatos (naturales) sino que han de ser aprendidos («enseñados», en el *Protágoras*).

Pero, ¿cómo podrían enseñarse a los hombres (y quién podría hacerlo) saberes que, por hipótesis, constituyen a los hombres como tales? Sólo si suponemos que los hombres ya existen podremos enseñarles y ellos podrán aprender, como hombres. Por eso, podemos enseñarles la flauta o la escultura; ellos irían a Ortágoras o a Policleto (en nuestros tiempos, se diría que se ha llegado a considerar, como obligación exigible a todos los futuros ciudadanos, que sepan tocar la flauta y «expresarse plásticamente», convirtiendo estas exigencias en deberes pedagógicos de la democracia parlamentaria). Pero, ¿no es contradictorio enseñarles a ser hombres? Quien pretenda enseñar esto, ¿no será un impostor, un sofista? Por el hecho de ser hombres –al menos, ciudadanos–, ¿no han de ser ya los hombres sabios? Tal es la ironía socrática:

«En efecto, yo opino, al igual que todos los demás helenos, que los atenienses son sabios. Y observo, cuando nos reunimos en asamblea, que si la ciudad necesita realizar una construcción, llaman a los arquitectos para que aconsejen sobre la construcción a realizar. Si de construcciones navales se trata, llaman a los armadores (...). Pero si hay que deliberar sobre la administración de la ciudad, se escucha [en la democracia] por igual el consejo de todo aquél que toma la palabra, ya sea carpintero, herrero o zapatero, comerciante o patrón de barco, rico o pobre, noble o vulgar; y nadie le reprocha, como en el caso anterior, que se ponga a dar consejos sin conocimientos y sin haber tenido maestro.»[15]

Los términos en los cuales Platón dibuja esta dialéctica son, sin duda, muy abstractos, puesto que «el hombre» se postula como una entidad dada en un tiempo originario (o indeterminado), como una entidad directamente enfrentada a la Naturaleza; y en este contexto no es posible resolver la contradicción entre la «necesidad de aprender la sabiduría (política)» –de otros hombres que, por hipótesis, aún no existen– y el absurdo de suponer que esa sabiduría se posee sin que nadie se la haya enseñado. Habría que recurrir a la *revelación* de Prometeo o de Hermes, es decir, a la revelación de algo que, «separado de los demás», pueda adoctrinar, o manifestar, desde una Academia, por ejemplo, la sabiduría. Ahora bien: ese «hombre», capaz de tener sabiduría política, no tiene por qué ser postulado como un ser originario, levantado sobre la Naturaleza y dotado, desde el principio, de saberes universales. Este hombre puede ser postulado como una resultante histórica de los diversos tipos de hombres particulares (en sentido antropológico) dados en los diferentes pueblos y culturas (por tanto, con sus característicos «saberes políticos»). El «hombre», a quien atribuimos un saber político superior (una virtud), no brota, por tanto, de la Naturaleza gracias a una Revelación de lo alto; brota, a lo sumo, del proceso histórico por el que los diversos pueblos y culturas han entrado en conflicto. Es en este proceso como han podido «aprender» a ser hombres o como tienen que seguir aprendiendo a serlo, aunque no sea más que porque, anualmente, millones y millones de crías humanas se incorporan a las sociedades «en marcha» sin que,

---

15 Platón, *Protágoras*, 319b-d. Traducción del griego por Julián Velarde. Edición bilingüe con un comentario de Gustavo Bueno, publicada en la Colección Clásicos El Basilisco, Pentalfa, Oviedo 1980, págs. 117-119.

«por nacimiento», vengan ya dotados (ontogenéticamente) de *saberes* propiamente humanos.

Pero, sin perjuicio de esta transposición de las fórmulas platónicas, la dialéctica entre los nuevos términos subsiste intacta:

(1) Hay que suponer que este hombre histórico, cuando ha alcanzado el estado de la sociedad política, debe poseer un saber filosófico, es decir, una «filosofía mundana».

(2) Pero esta sabiduría, ¿cómo podría serle enseñada por algunos hombres en especial, es decir, cómo podría constituirse esa sabiduría en un saber académico? De otro modo: si la filosofía (el saber filosófico –que no es un saber categorial o preciso, como el saber enseñar a tocar la flauta o a esculpir, el saber de Ortágoras o de Policleto–) es necesaria para la democracia, y si suponemos que ésta existe, habrá que concluir que los hombres que viven en la democracia han de poseer ya una sabiduría filosófica «mundana» sin necesidad de que nadie *en particular* (desde un *partido* determinado, incluyendo aquí al «partido» de la filosofía académica) se la tenga que enseñar. Deberán haberlo aprendido por sí mismos, a lo largo del proceso de su formación. Y, situados en esta perspectiva, cabría reinterpretar la formulación platónica como una alegoría de la defensa, no ya de la educación del *hombre* en general, sino de la educación del hombre como *ciudadano* de un Estado, como educación o adoctrinamiento a cargo del Estado, es decir, como una utilización ideológica de la filosofía académica, en cuanto instrumento de las clases dirigentes y de la formación de los súbditos o de los trabajadores (de ahí su estatismo «totalitario», precursor del fascismo o del estalinismo). Se añadirá: la Academia platónica fue, de hecho, una escuela orientada hacia la política de las ciudades Estado griegas; el proyecto académico –«nadie se ocupe de la política sin antes no haber pasado por la Academia»–, lejos de ser utópico, ha venido a constituir la pauta de toda la política del Imperio y de los Estados sucesores (incluyendo los actuales Estados democráticos) necesitados de ideólogos, científicos, técnicos, &c. que se forman precisamente en la Academia, en la Universidad.

No es necesario volverse de espaldas ante el componente partidista de la exigencia platónica (reconociendo que el saber político debe ser aprendido históricamente y, por tanto, desde una *parte* de la humanidad, desde un pueblo, desde una cultura o una clase social, desde una familia, en conflicto con otras). Pues el rechazo del partidismo no implica necesariamente tener que optar por la entrega al espontaneísmo, al innatismo (cuya fórmula populista está representada por la exaltación del «saber del pueblo» como saber supremo). El saber político no puede, sin mas, ser considerado como un saber connatural o revelado (no enseñable). Pero entonces, ¿cuál es el papel de la filosofía en relación con este saber? Las alternativas que nos ofrece el *Protágoras* platónico no se han desdibujado; tan sólo, a lo sumo, se han encarnado en nuevas formas de expresión.

Remitirnos a una filosofía mundana, resultado interno de las propias democracias históricas, ¿no es una forma atenuada de espontaneísmo, de populismo? Exigir una intervención de la «filosofía académica», en el sentido más restringido, como condición de la formación del ciudadano, ¿no equivale irremisiblemente a una toma de partido, a un adoctrinamiento ideológico? Pues, ¿con qué criterio determinaremos la particular filosofía académica que haya de ser enseñada en la democracia, supuesto que existe más de una? ¿No será la mejor solución la de suprimir a la filosofía de cualquier plan de estudios? Pues esta solución podría ser tomada no en nombre del irracionalismo más radical, sino precisamente en nombre de un racionalismo que considera que la filosofía es constitutiva de toda la democracia.

Aceptemos, en efecto, que la filosofía es constitutiva de las sociedades modernas; pero, por ello mismo, cabría inferir que habrá de ser una filosofía mundana, «disuelta», no solamente en los saberes vulgares del «sentido común» de las sociedades industriales, sino también en los saberes científicos de estas mismas sociedades. Nos situamos de este modo ante la cuestión de la «realización» (*Verwirlichung*) de la filosofía, una realización que Marx había condicionado al advenimiento del proletariado como «clase universal» (o *pars totalis*) y que ahora, al parecer, se aplica sencillamente a la sociedad democrática «realmente» existente. Pues lo que se afirma es que en estas democracias, si efectivamente son sociedades de hombres libres, habrá de estar ya realizada la filosofía como filosofía mundana (de hecho, quienes hoy hablan de la «filosofía de las tarjetas de crédito» o de la «filosofía del mercado común europeo» lo hacen sin necesidad de haber cursado en ninguna Academia disciplinas filosóficas tituladas «Filosofía de las tarjetas de crédito» o «Filosofía del mercado común europeo»). La filosofía académica, como tal, debiera reconducirse en la sociedad democrática, por tanto, a la condición de una especialidad universitaria más, una especialidad profesional de naturaleza filológico-histórica, una subsección de la Historia de los géneros literarios o de la Sociología histórica del conocimiento. De otro modo: no hay que pensar que quienes se oponen a los planes de estudio de la sociedad democrática que incluyen a la filosofía como disciplina universal lo hagan siempre por enemistad a la filosofía; por el contrario, la oposición más violenta procederá de quienes se oponen a esa inclusión en nombre de una «filosofía mundana» que se supone ya poseída por quienes se consideran «hombres» o «ciudadanos» (sobre todo, si son políticos o científicos, especialmente) y a la que consideran «inenseñable» por ninguna «Academia» que tenga la insolencia de arrogarse la función de «enseñar filosofía a los ciudadanos».

Y entonces, la pregunta que debe ser formulada de nuevo es esta: «¿cuál es el papel de la filosofía académica en el conjunto del saber político?».

¿Es posible mantener el postulado (hipotético) de la necesidad de una sabiduría filosófica universal a todos los ciudadanos de la sociedad democrática, sin por ello tener que recaer en la tesis de la «realización plena» de la filosofía, como filosofía mundana? Es posible de muchas maneras. Ante todo, reconociendo que no existe una democracia verdadera (entre otras cosas, porque no existe un saber filosófico universal); más aún, afirmando que no puede existir, con lo que el postulado de una «sabiduría filosófica universal» será tan utópico como el postulado de una democracia real. Sin embargo, en el momento en que prescindimos del tratamiento de las Ideas de «Hombre», «Saber político», «Democracia» u otras análogas, como si fueran esencias puras; desde el momento en que las concebimos como procesos ya existentes (mejor que como «proyectos de futuro» más o menos utópicos), podremos también tratar las Ideas esenciales como siéndolo precisamente en función de los procesos fenoménicos en los que se realizan (a la manera como la recta inercial que define a un proyectil en movimiento no tiene por qué concebirse como una trayectoria que esa masa «debiera seguir en el futuro», o como una utopía, puesto que es una trayectoria virtual, pero esencial, presente en la misma trayectoria real parabólica).

Es cierto que para mantener esta tesis es preciso tomar partido. En nuestro caso, el «partido» de la tradición filosófica griega –este es el sentido que damos a la «filosofía académica»–, característico de nuestra cultura moderna. En efecto, no es preciso que todos los hombres (todos los ciudadanos) sean un Sócrates para que la democracia exista. Más aún, sólo irónicamente puede tener algún sentido decir que únicamente cuando todos los ciudadanos fuesen tan filósofos como Sócrates, la democracia podría comenzar a existir. Porque, sin necesidad de ser Sócrates, todo ciudadano puede ser filósofo, y no de un modo espontáneo (por mera respiración de la atmósfera en la que está envuelta una sociedad democrática ya dada y, por tanto, situada de algún modo en un nivel histórico, lingüístico, determinado), sino por modo de *disciplina* que esa misma sociedad democrática le imponga. Ciframos este saber (y aquí reside nuestro partidismo) principalmente en el dominio, no tanto de alguna doctrina concreta, cuanto de la técnica de discusión académica (escolástica) y polémica de las diferentes doctrinas dadas a propósito de puntos concretos, que puedan considerarse relevantes; lo que implica, a su vez, la posesión, que puede tener lugar en grados muy diversos, del «arte de la argumentación y de los tópicos» (en este caso: de las diferentes doctrinas enfrentadas, de modo pertinente, a propósito de cada punto) en torno a la misma. «No cabe aprender la filosofía, sino sólo a filosofar», decía Kant. Pero también es verdad que no es posible «filosofar» al margen de toda «filosofía», es decir, al margen de toda doctrina, al margen de toda sistematización, por incipiente que ella sea, de las doctrinas alternativas posibles sobre cada tópico (de la misma manera que no cabe plantear problemas geométricos al margen de todo teorema geométrico, es decir, que no cabe «geometrizar» sin saber algo, aunque sea muy poco, de Geometría).

Esta filosofía académica que forma parte de nuestras tradiciones culturales es la que no puede ser eliminada, y ello en función del mismo saber político inherente a esas tradiciones. No hablamos, por tanto, de la necesidad absoluta de la disciplina filosófica; decimos que, sin esa disciplina, el funcionamiento de las democracias sería diferente.

La cuestión principal la centramos, sin embargo, en torno a la discusión de la posibilidad del reconocimiento de una «realización» de la propia filosofía académica (en el sentido dicho), no ya en las sabidurías mundanas «extraacadémicas», sino en sabidurías que son académicas a su vez, pero que se presentan como sustitutivos de la filosofía y que actúan, en realidad, de sucedáneos suyos. Nos referimos, principalmente, a la Sociología, a la Psicología, a la Etnología, e incluso, en nuestros días, a la Cosmogonía física. Estas disciplinas, de hecho, desempeñan el papel de «sucedáneos científicos» de la filosofía académica, y el sociólogo, el psicólogo, el antropólogo o el cosmólogo, desempeñan las funciones del filósofo de la sociedad democrática industrial. Pero este *filósofo*, en realidad, ¿no es –para decirlo al modo platónico– el verdadero *sofista* de nuestra época, es decir, la apariencia de la filosofía, la falsa filosofía? Esta sofística, ¿no es un modo de llevar adelante una ideología específica de gran alcance político, a saber, la ideología individualista –asociada a los ideales de libertad, de felicidad, entendidos en el plano psicológico o lingüístico– y relativista –un relativismo entendido en el contexto del etnologismo tolerante, de la equiparación de todas las culturas–? La discusión de fondo nos remite aquí a la cuestión de la posibilidad de prescindir de las coordenadas que nos vienen dadas desde la tradición helénica y escolástica (no como pretérita, sino como constitutiva de nuestro presente), en nombre de unos supuestos planteamientos positivos ahistóricos referidos a un también supuesto presente etnológico, sociológico, psicológico o cósmico.

El papel de la filosofía académica en el conjunto del saber político de las sociedades democráticas tiene un sentido, sin duda, aún más directo cuando al saber filosófico se le considera en su universalidad virtual distributiva, «de derecho». Es un saber que debe ser distribuido, desde luego, como deber civil, universalmente, entre todos los ciudadanos, principalmente a través de la acción escolar (la misma acción a través de la cual se distribuye el saber aritmético elemental, o el saber físico o el saber biológico elemental). Es evidente, por otra parte, que la condición de posibilidad de esta distributividad universal de la filosofía depende, como condición necesaria, de la existencia de un cuerpo de profesores capacitado al efecto.

II. *El papel de la filosofía en relación con el «saber científico»*

1. Objetivo principal de *El papel de la filosofía en el conjunto del saber* fue establecer un esquema global capaz de determinar las complejas relaciones de la filosofía y las ciencias positivas, sabiendo que este esquema no podía mantenerse en situación exenta, puesto que implicaba premisas filosóficas que necesariamente habrían de entrar en contradicción con las premisas actuantes en otros esquemas alternativos. Pero esto mismo podía servir para demostrar que la determinación del «papel de la filosofía» en relación con los saberes científicos no habría de considerarse como un asunto interno, gremial (de autodefinición, acaso

de autoglorificación o de autohumillación) puesto que esa determinación obligaba a definir también la idea misma de ciencia positiva que «envuelve» de algún modo a los científicos mismos y que, a su vez, recíprocamente, no puede determinarse al margen de la Idea de filosofía.

2. La Idea de ciencia que actuó en *El papel de la filosofía* no estaba aún definida (o «formalizada») según las líneas establecidas por la teoría del cierre categorial. Sin embargo, cabría afirmar que aquella Idea venía a ser la misma Idea *ejercitada* que más tarde sería *representada* (frente a otras) en la teoría del cierre, y precisamente a escala de sus relaciones con la filosofía. Esta es, al menos, la tesis que Alberto Hidalgo ha sostenido en su ensayo «Estirpe y sistema de la teoría del cierre categorial»[16], artículo sagaz que tenemos que suscribir, no sólo en su línea general, sino también en casi todos sus detalles. En efecto: la oposición entre dos tipos de practicidades – practicidad «cerrada» y «abierta»– estaba concebida en el sentido de una correspondencia entre la practicidad abierta y la filosofía; lo que implicaba que la practicidad cerrada (en el sentido definido) habría de ponerse en correspondencia con las construcciones científicas, si bien las características *específicamente gnoseológicas* de esta correspondencia no estaban todavía definidas. En cualquier caso, conviene subrayar que aun la misma caracterización, que se daba de pasada, y que, por el sonido de las palabras, podría parecer que estaba en contradicción con la idea posterior «el sistema científico no es un sistema cerrado, acabado» en realidad, «cuanto a la cosa» –y esto lo señala certeramente Hidalgo–, se mantiene en la perspectiva del cierre categorial, porque «cerrado» allí sólo significa «clausurado» y, como muchas veces hemos tenido que decir después, el cierre categorial de una ciencia – por ejemplo el sistema periódico de la Química clásica– no significa «clausura», es decir, acabamiento de sus tareas, puesto que éstas se abren precisamente a partir del cierre del sistema de los elementos químicos (cierre que abre perspectivas indefinidas de composiciones ulteriores). La caracterización de las ciencias como *totalizaciones categoriales* (referidas a «partes irrevocables») o «teorías acotadas» y

---

16 Alberto Hidalgo, «Estirpe y sistema de la teoría del cierre categorial», en *La filosofía de Gustavo Bueno* (Actas del «Congreso sobre la Filosofía de Gustavo Bueno», celebrado en el Paraninfo de la Facultad de Filosofía de la Universidad Complutense, Madrid, 23-25 Enero 1989), Revista Meta/Editorial Complutense, Madrid 1992, págs. 71-104.

a sus procedimientos de análisis como «análisis reductivo» se mantiene en la misma dirección, así como la caracterización que se da, de pasada también, del concepto de «construcción», que se mantiene –como la Geometría– dentro de un mismo «nivel lógico». Más aún –y esta es la conclusión central de Hidalgo– la idea de la ciencia «categorialmente cerrada» está ya implícita en la fórmula, explícitamente utilizada en *El papel de la filosofía*, de la «república de las ciencias».

No seré yo quien, acentuando la presencia en ejercicio, en *El papel de la filosofía*, de la Idea de «ciencia categorialmente cerrada», pretenda quitar importancia a la «representación» que de esa idea pudo hacerse más tarde, aunque no sea más que porque esta representación (en realidad: re-construcción) es la que hace posible establecer retrospectivamente la identidad de la Idea ejercitada. De lo que se trata es de subrayar hasta qué punto la propia confrontación con la Idea de filosofía resulta ser necesaria para la delimitación de la propia Idea de ciencia; y como la Idea de ciencia, formalizada por la teoría del cierre categorial, constituye la mejor vía que conocemos para la redefinición o redundancia del esquema originario.

3. En efecto, este esquema se oponía a los esquemas alternativos disponibles, los que pretendían hacer del saber filosófico una «ciencia universal transcendental» (una «ciencia del todo») o acaso una ciencia particular (pero de las primeras causas, o de las primeras razones o evidencias, o de la naturaleza o del espíritu), o bien los que, reconociendo las palmarias diferencias entre los métodos científicos y los filosóficos, se inclinaban por una desconexión total entre los análisis filosóficos y los saberes científicos.

Una tesis central de *El papel de la filosofía* es la que niega a la filosofía su carácter de ciencia positiva, a la vez que niega que las ciencias positivas se hayan originado, como los hijos de su madre, de la filosofía: las ciencias positivas proceden de las actividades tecnológicas, y la filosofía no es la «madre de las ciencias» y, por tanto, anterior a ellas, sino, en todo caso –al menos la «filosofía académica», la de Platón y la de Aristóteles–, posterior a ellas. Pero con esto no se pretende sugerir que la filosofía pueda moverse de espaldas a las ciencias positivas. Por de pronto, porque la consideración de la Idea misma de ciencia implica, por sí misma, la perspectiva filosófica. Esto no significa que sea esta perspectiva filosófica la que confiere la cientificidad a las ciencias categoriales. Por el contrario, el saber científico, si lo es efectivamente, es «regla de sí mismo» (de su «evaluación») y no necesita de fundamentos filosóficos. Pero la Idea de ciencia no cabe en ninguna de las categorías científicas, porque las abarca a todas (sin que sea legítimo hablar de una «categoría de las categorías»). Esto no quiere decir que el saber científico necesite, para desenvolverse, de una utópica «atmósfera pura», despejada de cualquier nebulosa ideológica, mitológica o metafísica, y que, sólo tras un «corte epistemológico» con ella pueda constituir su cierre. Con frecuencia, las ciencias positivas «cierran» en el seno de densas nebulosas ideológicas (Kepler no necesitó cortar con la mitología solar para establecer las leyes planetarias, ni Newton necesitó prescindir de sus ideas teológicas, por unitaristas que ellas hubieran sido, en su reflejo en el espacio absoluto, como sensorio divino, para establecer la ley de la gravitación). O incluso «segregan» ellas mismas tales nebulosas (podríamos poner, como ejemplo tomado de la ciencia de nuestro siglo, al llamado «principio antrópico» y a muchas ideas relacionadas con la teoría del *big bang* y aun con la misma Idea de una ciencia universal unitaria).

La crítica filosófica tiene aquí una misión bien clara, a saber, la misión *catártica*. Una catártica que, por estar apoyándose, no ya en los procedimientos de una única ciencia, sino en los de varias –y en la medida en que el conjunto de las ciencias no puede considerarse como una totalización universal capaz de envolver racionalmente al mundo en su integridad–, ya no podrá ser reducida a ninguna ciencia en particular, sino que tendrá que mantenerse a la distancia adecuada, de todas y cada una de ellas, que es la distancia filosófica.

4. Las distancias que hay que establecer entre los procedimientos científicos (tan diversos a su vez entre sí) y los procedimientos filosóficos no impiden la sospecha, ni excluyen el reconocimiento, de una «afinidad de principio», fundada en la razón, entre el saber científico y el saber filosófico. Y esta afinidad suscita el problema de la posibilidad de «ritmos» comunes (a la razón científica, a la razón tecnológica, a la razón filosófica) cuya determinación pudiera ayudarnos a una más profunda comprensión de la naturaleza del mismo saber científico y filosófico. En *El papel de la filosofía* se alude a una «Noetología», en cuanto perspectiva que no podría confundirse ni con la perspectiva psicológica (por ejemplo, la que es propia de la Epistemología genética, en el sentido de Piaget), ni con la perspectiva gnoseológica –ni siquiera con la gnoseología del cierre categorial–. Tendría que ver, más bien, con la perspectiva de una «Lógica material

dialéctica». No nos atreveríamos a seguir defendiendo hoy el proyecto de una Noetología en las condiciones expuestas; pero tampoco nos atreveríamos a impugnarlo de plano. Probablemente Alberto Hidalgo tiene razón cuando dice que la formulación del proyecto noetológico en *El papel de la filosofía* «quedó varada en el preciso instante en que sus materiales básicos ingresaron en el círculo más potente de la Gnoseología». Sin embargo, el proyecto de una Noetología sigue desbordando el proyecto gnoseológico (como proyecto de una teoría general de la ciencia), puesto que aquél buscaba englobar tanto a las formas de proceder de la razón científica como a las formas de proceder de la razón filosófica. El análisis de los procedimientos más generales de la razón dialéctica (de sus desarrollos constructivos, de sus contradicciones internas, de sus metábasis) es una tarea que, sin perjuicio de su ambigüedad, la consideramos todavía abierta a la filosofía.

III. *El papel de la filosofía en relación con el «saber religioso»*

1. No constituyó, en cambio, un objetivo explícito de *El papel de la filosofía* la determinación de las relaciones entre la filosofía y la religión, acaso porque, desde la perspectiva de aquellos años, la «religión» no se presentaba con perfiles propios. Más bien, el «saber religioso» era implícitamente tratado allí como una suerte de *mixtum compositum* de superstición (cuyos análisis se sobrentendía correspondían a la etnología, a la psicología o a la sociología, más que a la filosofía), de moral y de teología (ella misma filosófica, más que religiosa). Puede ser pertinente subrayar, de todas formas, a veinticinco años de distancia, cómo el «racionalismo» de *El papel de la filosofía* se mantenía ya a gran distancia del racionalismo ilustrado (tipo Voltaire, Draper o Russell) y reconocía la posibilidad de hablar de una filosofía desenvuelta en un horizonte de creencias cristianas (o judías o musulmanas), aun cuando puntualizando que esta filosofía, en sentido estricto, estaba llamada a rebasar tal horizonte. Más aún: se concedía incluso que, eventualmente, antes de rebasarlo, pudo la filosofía confesional desarrollar posiciones más racionales que las de los propios «filósofos seculares».

2. Sin embargo debo reconocer que –desde la perspectiva de *El animal divino*– El papel de la filosofía deja mucho que desear en lo que concierne a la determinación de sus relaciones con el saber religioso. Si el

«saber religioso» es un saber *sui generis*, será precisa una idea filosófica adecuada de ese saber, en su conexión dialéctica con los demás saberes; será preciso también analizar las funciones que la misma conciencia filosófica ha desempeñado en orden al desenvolvimiento dialéctico del saber religioso (de las «religiones terciarias») y, en consecuencia, la influencia que este saber religioso pueda haber tenido y siga teniendo hoy (pongamos por caso, a través del «argumento zoológico» contra el idealismo) en la conformación de la conciencia filosófica.

De todas formas, no creemos que pueda decirse, incluso desde una perspectiva racionalista, que la filosofía haya de ser «atea», y esto porque la filosofía teológica –y, en particular, la filosofía teológica monoteísta– es una alternativa filosófica, es decir, una alternativa, que, por sí misma, tiene lugar en el «ámbito de la filosofía». Dicho de otro modo: *el monoteísmo es una invención filosófica*, y no proponemos esta tesis como una tesis nueva. «No cabe duda alguna –decía Wundt– de que un monoteísmo absoluto no se da propiamente sino en filosofía, y de que, en la religión popular, ni aun en el pueblo de Israel ha existido un monoteísmo estricto.»[17] Es cierto que la escuela del padre Schmidt pretendió identificar ese Dios filosófico –el de las «vías tomistas»– con el Dios primordial de los andamaneses, de los pigmeos, de los aruntas y de otros muchos «pueblos naturales». Pero, aparte de que no llegó a probar sus pretensiones, mucho menos logró pasar de esa idea de Dios a la religión de los mismos andamaneses, pigmeos o aruntas. No caracterizaríamos, por ello, a la filosofía, tanto como un camino incapaz de conducir a la Idea de Dios –como un ateísmo– cuanto como un camino incapaz de conducir a la religión. Pues incluso cuando la filosofía cree conducir a Dios, es al Dios de los filósofos, al Acto puro, al Primer motor, a donde conduce; y estos términos no tienen nada que ver con la religión: ¿quién puede exclamar piadosamente: «¡Acto puro mío, ayúdame!»?

Desde este punto de vista puede afirmarse que constituye una grave tergiversación el aducir, en apoyo de una religión positiva determinada, los «testimonios» de los grandes filósofos que han atribuido a Dios un lugar característico en el conjunto de su «sistema filosófico», sea Aristóteles, Descartes o Espinosa. Como si este «Dios de los filósofos»

---

17 Wilhelm Wundt, *Elementos de psicología de los pueblos* (1912), traducción española de Santos Rubiano, Jorro, Madrid 1926, pág. 316.

tuviera algo que ver con el «Dios de Abraham», o con el «Dios de Jacob». El «Dios de los filósofos» se mantiene en un plano que no tiene nada que ver con el Dios de las religiones positivas (incluso de las religiones *terciarias*[18]). Nadie, partiendo del Dios filosófico, podrá confiar en llegar alguna vez al Dios de las religiones positivas, al Cristo de los cristianos, por ejemplo. Don Juan Valera expresó esta idea, en español castizo, refiriéndose al Dios filosófico de los krausistas: «Es un Dios que ni María Santísima, con ser su madre, lo reconocería». Y aún cabría decir más: que la «lejanía» –respecto de la religión, de la piedad– característica del Dios de los filósofos no sólo dificulta *de hecho* el retorno a la religión o a la piedad propia de un creyente, como Eutifrón, por ejemplo, sino que la impide, o la hace imposible *de derecho*, por cuanto la consideración de ese Dios filosófico convierte al filósofo, no en *ateo* sino en *impío*. Un impío que, si vive en una ciudad piadosa, incurrirá, como Sócrates, en el delito de impiedad, de *asebeia*. La mejor ilustración de esta tesis la encontramos en el Dios de Aristóteles, un Dios que ni siquiera conoce al Mundo, porque harta ocupación tiene en «conocerse a sí mismo». Un Dios, por tanto, al que los hombres no pueden rogar, amar o temer. Los cristianos o los musulmanes, siglos después de Aristóteles, incorporaron a sus religiones respectivas todo cuanto pudieren del Dios de los filósofos; esta incorporación, por parte de pensadores tales como Averroes o Santo Tomás, representa un racionalismo (frente al infantilismo de los creyentes, algunos tan célebres como San Pedro Damián o San Buenaventura) cuyas posibilidades están limitadas por la exigencias de la sociedad medieval. Estos procedimientos racionales de Santo Tomás

---

18 Las religiones terciarias se definen como religiones que suponen la crítica a las religiones secundarias, derivadas a su vez de las religiones primarias, que se caracterizan por el trato directo con los númenes animales: «el hombre hizo a los dioses a imagen y semejanza de los animales». La fase terciaria de las religiones resulta de la crítica filosófica, que ya se advierte en Jenófanes, al antropomorfismo y al zoomorfismo, y se constituye yuxtaponiendo al Dios de los filósofos contenidos residuales secundarios. Las religiones terciarias más características son el budismo, el judaísmo, el cristianismo y el islamismo. En *El animal divino* (2ª edición aumentada con 14 escolios, Pentalfa, Oviedo 1995) se desarrolla ampliamente esta doctrina filosófica sobre las religiones. En este libro se defiende la tesis del paulatino debilitamiento de las religiones a medida que se alejan de su verdadero origen numinoso (animal); la fase terciaría de las religiones constituye, de este modo, la antesala del ateísmo.

o de Averroes, cuya evaluación debe mantenerse en el terreno histórico o sociológico, son tergiversados en nuestros días por los educadores creyentes, confesionales, que acostumbran a introducir gran confusión al utilizar apologéticamente los filósofos clásicos (a los que se añaden Nietzsche o Freud), poniéndolos al servicio de la religión positiva que profesan.

No es, por tanto, en todo caso, el *ateísmo*, sino la *asebeia* lo que podría considerarse característico de la filosofía crítica, en cuanto tal, y esto dicho en términos funcionales (el «filósofo cristiano», en cuanto filósofo, será menos *piadoso* que el místico cristiano, y así sucesivamente). {La impiedad, que asociamos aquí a la filosofía crítica –en cuanto «crítica a toda revelación»– se sobreentiende muy especialmente como impiedad aplicada a los *textos sagrados* de las religiones superiores; una impiedad que consiste en la justificación de la necesidad de medir a los textos revelados con el mismo rasero con el que se miden o se interpretan los textos profanos. La filosofía crítica consiste, en este punto, en clasificar a aquellas interpretaciones que se sitúan ante los textos sagrados como si fuesen revelados por personas sobrehumanas y a aquellas otras que comienzan por interpretar estos textos como productos «humanos», producidos en una época y en un lugar determinados; en segundo lugar, en clasificar a las interpretaciones del primer grupo como contenidos exteriores a la filosofía, y esto en virtud de razones materiales muy diversas que aquí no procede resumir.}

La filosofía, en resolución, diríamos ahora, no puede llegar a una actitud religiosa salvo que haya partido ya de ella, y sólo en esta hipótesis podría postularse el *intelligo ut credam*. Pero no por ello cabe concluir separando la filosofía y la religión como dos esferas incomunicables. La filosofía ha intervenido y sigue interviniendo activamente en el desarrollo de los saberes religiosos, particularmente en el proceso de la transformación de las religiones secundarias en religiones terciarias. Por tanto, como crítica trituradora de las religiones secundarias y como instrumento de edificación de la religiones terciarias monoteístas (por no hablar de sus servicios *nematológicos* en relación con las dogmáticas judías, cristianas, o musulmanas), la filosofía ha actuado de forma tal que ella misma se ha visto afectada y moldeada en su misma «sustancia» histórica.

Niembro, septiembre 1995
Oviedo, noviembre 1995

Índice

Pelayo García Sierra

Diccionario filosófico

Manual de materialismo filosófico
Una introducción analítica

https://filosofia.org/filomat/

La versión digital inicial del *Diccionario filosófico, manual de materialismo filosófico*, quedó dispuesta libremente en internet durante el mes de noviembre de 1999 (675 páginas). A principios de 2001, con fecha de edición del año 2000, apareció la edición vegetal del *Diccionario filosófico,* versión corregida y aumentada (un volumen de 742 páginas), hoy totalmente agotada. La primera edición del *Diccionario filosófico* fue revisada por Gustavo Bueno, quien también le puso un «Prólogo» (firmado en Niembro en agosto de 1998).

El autor comenzó en 2017 a preparar la segunda edición de esta obra, para actualizarla incorporando toda la producción filosófica realizada por Gustavo Bueno entre 2000 y 2016. Como obviamente esta segunda edición ya no puede ser revisada por Bueno, el *Diccionario filosófico* se ha dotado de un Consejo asesor (formado, por orden de edad, por Tomás García López, Gustavo Bueno Sánchez, Marcelino Suárez Ardura, Luis Carlos Martín Jiménez y Carlos Madrid Casado), que colabora con el autor en la mejor continuación de la obra.

La segunda edición, por ahora sólo en versión digital, ofrece libremente en internet su versión 5, que cuenta con 897 páginas.

«El lector tiene en sus manos una *Summa Philosophica* en sentido clásico, sólo que esta vez, pese a quien pese, escrita y pensada en español.»

Inicio del «Prólogo» de Gustavo Bueno al *Diccionario filosófico*

Pelayo García Sierra ofrece en este libro la exposición, admirable por su claridad y rigor, del conjunto principal de las Ideas que él mismo ha delimitado como sillares o partes significativas del sistema del *materialismo filosófico*.

El *materialismo filosófico* al que este libro se refiere es, en efecto, un sistema de Ideas que ha ido formándose y publicándose (en parte) lentamente, y no como obra de un autor único, a lo largo de las tres últimas décadas del siglo que acaba. La revista *El Basilisco*, en sus dos épocas (1978-1984; 1989-) contiene las contribuciones de casi todos los autores que han intervenido en el desarrollo del sistema.

Un sistema filosófico no es (cuando se le considera desde una óptica materialista) un sistema deductivo que, partiendo de un principio único, «monista», pueda ser capaz de derivar en cascada una muchedumbre de Ideas que fueran «desplegando» y «refractando» este principio. Un sistema filosófico considerado desde el materialismo pluralista resulta del entretejimiento de Ideas múltiples que proceden, cada una a su modo, del terreno mismo «conceptualizado» en el que se asientan las realidades del mundo «en marcha» (en una marcha independiente del sistema) del presente.

A las Ideas, por tanto, se les reconocerá una cierta autonomía respecto del sistema que con ellas va a entretejerse; si bien esta autonomía no ha de entenderse en términos absolutos («megáricos») porque la autonomía relativa a un sistema dado no significa autonomía respecto de cualquier sistema alternativo. Las Ideas (incluidas las que son objeto de especial atención de la llamada filosofía asistemática o aforística) están siempre en sociedad o *symploké*. (¿Cómo analizar la Idea de *Libertad*, pongamos por caso, al margen de la Idea de *Causalidad*?)

https://filosofia.org/filomat/dfpro.htm